AF330289

L'INTELLIGENCE

ET LA VIE

PAR

Clodius PIAT

Agrégé de l'Université,
Docteur ès Lettres.

Conférences données à l'Institut catholique de Paris
(1914-1915).

PARIS

LIBRAIRIE FÉLIX ALCAN

108, BOULEVARD SAINT-GERMAIN, 108

—

1915

8° R
27730

L'INTELLIGENCE ET LA VIE

8° R
27730

PUBLICATIONS DU MÊME AUTEUR.

L'Intellect actif, Leroux, Paris, 1890.

Quid divini nostris ideis tribuat divus Thomas, Leroux, Paris, 1890.

Historique de la liberté au XIX° siècle, Lethielleux, Paris, 1895.
(*Couronné par l'Académie française.*)

Problème de la liberté, Lethielleux, Paris, 1895. (*Couronné par l'Académie française.*)

L'Idée, ou critique du kantisme, *deuxième édition*. Ch. Poussielgue, Paris, 1901.

L'Apologétique de l'Abbé de Broglie, avec héliogravure. 80 pages, in-8° jésus. V. Lecoffre, Paris, 1896.

Socrate. (*Traduit en allemand.*) 1 vol. in-8°, 5 fr. *Deuxième édition*.

Aristote. (*Traduit en allemand et en italien.*) 1 vol. in-8°. *Deuxième édition*

Platon. (*Couronné par l'Académie française, Prix Bordin.*) 1 vol. in-8°, 7 fr. 50.

La Personne humaine, *Bibliothèque de philosophie contemporaine*, F. Alcan, Paris, 1913. (*Couronné par l'Académie des sciences morales et politiques, prix Le Dissez.*) *Deuxième édition.*

La Destinée de l'homme, *Bibliothèque de philosophie contemporaine*, F. Alcan, Paris, 1908. (*Traduit en allemand, par Em. Prinz zu Œttingen Spielberg, et en espagnol, par D. G. Carreno. Deuxième édition.*)

La Monadologie de Leibniz, précédée d'une étude de la philosophie de Leibniz, V. Lecoffre, Paris, 1900.

La Morale chrétienne et la Moralité en France, brochure de 53 pages, V. Lecoffre, Paris, 1905. (*Extrait du Correspondant.*)

De la croyance en Dieu, *deuxième édition*, F. Alcan, Paris, 1909 (in-12 de 204 p.).

Insuffisance des philosophies de l'intuition, Plon, Paris, et F. Alcan, 1908 (in-8° de 318 p.).

La Morale du bonheur, *Bibliothèque de philosophie contemporaine*, Félix Alcan, Paris, 1910, (in-8°, 263 p.).

Religion et critique, Œuvre posthume de l'Abbé de Broglie, *deuxième édition*, V. Lecoffre, Paris, 1905. (*Traduit en allemand, par Em. Prinz zu Œttingen Spielberg.*)

Questions Bibliques. Œuvre posthume de M. l'Abbé de Broglie, *deuxième édition*. V. Lecoffre, Paris, 1903.

TYPOGRAPHIE FIRMIN-DIDOT ET Cie. — PARIS.

L'INTELLIGENCE

ET LA VIE

PAR

Clodius PIAT

Agrégé de l'Université,
Docteur ès Lettres

Conférences données à l'Institut catholique de Paris
(1914-1915).

PARIS

LIBRAIRIE FÉLIX ALCAN

108, BOULEVARD SAINT-GERMAIN, 108

—

1915

NIHIL OBSTAT

J. VERDIER,
cens. désig.

Paris, ce 8 juillet 1915.

————

IMPRIMATUR

Alfred BAUDRILLART
v. g. rect.

die 9e Julii 1915.

PRÉFACE

J'ai passé la meilleure partie de ma vie à défendre la valeur métaphysique de la raison. Dès l'année 1890, je commençais cette tâche, devant la Sorbonne, dans ma thèse de doctorat intitulée *L'intellect actif;* et depuis cette date, je suis revenu sans relâche, dans mes travaux ultérieurs[1], à

1. V. L'IDÉE ou *Critique du Kantisme*, Paris, 1895; *Destinée de l'homme,* F. Alcan, Paris, 1898 ; *De la croyance en Dieu,* F. Alcan, Paris, 1907; *Insuffisance des philosophies de l'intuition,* F. Alcan, Paris, 1908; *Quelques conférences sur l'âme humaine*, F. Alcan, Paris, 1914. — Dans nombre de revues, catholiques ou libres, j'ai défendu la même idée et sans variation. J'ose dire d'ailleurs que je tiens de mes méditations sur saint Thomas d'Aquin la thèse dont je suis parti et que j'ai toujours soutenue. Elle me vint un jour, entre la *Critique*

ce problème fondamental autour duquel se sont livrées tant de batailles.

Restait à formuler la conclusion générale qu'appelle cette longue série de débats : restait à définir quelle place il faut faire à la raison dans la direction de la vie humaine. Les uns disent qu'elle est tout; d'autres veulent qu'elle soit principalement une grande faiseuse d'artifices. Quel parti convient-il de prendre sur cette querelle toujours renaissante?

Ma réponse se trouve dans la plaquette que je présente ici.

J'ai d'abord fait une sorte d'enquête sur les diverses manifestations de l'activité rationnelle chez l'enfant, chez les primitifs et dans les peuples civilisés, cherchant à décrire les lois que doit suivre l'intelligence, les écarts qu'elle peut commettre sur sa route et la justesse dans la force que donne

de la raison pure et la *Somme théologique*, dans la bibliothèque de l'École des Carmes.

à l'esprit une éducation bien faite. Puis, cette série d'analyses historiques et psychologiques une fois terminée, il m'a paru que, si la force de la pensée est le secret de la victoire dans les luttes doctrinales et même dans l'ordre des œuvres, elle ne suffit pourtant ni à diriger les esprits, ni à gouverner les âmes. La raison est d'abord dogmatiste. Mais elle ne tarde pas à s'engager dans la voie du criticisme. Alors, elle s'écarte de plus en plus de la vérité; et, quand par hasard elle y « tombe », toujours est-il qu'elle n'a pas assez d'empire pour nous inspirer l'amour dominant du bien. Les vrais stoïciens sont rares; il n'y en eut peut-être jamais.

Où se trouve donc le foyer de lumière dont nous avons besoin pour connaître « le sens et le prix de l'existence » ? Où se trouve le foyer de vie qui doit nous délivrer peu à peu du servage de l'instinct ? Je ne l'aperçois que dans l'Église catholique. C'était la réponse du cardinal Newman. C'est aussi la mienne et pour les mêmes raisons.

Cette solution pourra surprendre certains lecteurs. Elle ne s'impose pas moins, au nom même des faits : elle en est le corollaire naturel.

Pour sauver la raison, il faut avoir le courage de dépasser la raison.

BIBLIOTHÈQUE NATIONALE

L'INTELLIGENCE ET LA VIE

BIBLIOTHÈQUE NATIONALE

CHAPITRE PREMIER

L'INTELLIGENCE CHEZ L'ENFANT

L'enfant est naturellement curieux. Jeté dans ce monde sans savoir ni pourquoi ni comment, il se sent à la fois surpris et inquiet.

« Il ouvre généralement les yeux peu après sa naissance; et dès les premières heures, il paraît se plaire à une lumière modérée. La troisième ou la quatrième semaine, il regarde avec une satisfaction visible les reflets du soleil, le feu, les objets clairs ou colorés » : Il éprouve déjà, comme un Grec, la joie de « la lumière sacrée », cette fête des yeux.

A partir du premier mois, il passe des heures à contempler son rideau, sa main, les ombres du plafond. Il y met un intérêt d'autant plus vif que ses sensations sont renouvelées par les variations de la lumière ou les changements de son propre point de vue, lorsque, par exemple, on déplace la voiture où il est couché [1].

L'enfant observe sans relâche. De plus, comme son expérience ne lui suffit pas, c'est un interrogateur intrépide. Il en est comme du jeune philosophe dont parle Platon. « Il ne fait quartier ni à son père, ni à sa mère, ni à aucun de ceux qui l'écoutent. Il attaque non

1. Ed. CRAMAUSSEL, *Le premier éveil intellectuel de l'enfant*, p. 1-2, F. Alcan, Paris, 1909. — Cf. DARWIN, *A biographical sketch of an infant* (*Mind*, juil. 1877); PREYER, *Die Seele des Kindes*, p. 25, Leipzig, 1908; — STANLEY HALL, *Ausgewæhlte beiträge zur kinderpsych. u. paedagogik* (49, trad. Stimpfl Altenburg, Bonde, 1902); — MILICENT WASHBURN SCHINN, *Notes on the development of a child*, 17, Berkeley, 1893-4-9; — JAMES SULLY, *Études sur l'enfance*, p. 92-93, 94, 96-97, 108, 151, Trad. A. Monod, F. Alcan, Paris, 1898; — THÉOD. RUYSSEN, *L'évolution psychologique du jugement*, p. 66 et suiv., Nîmes, 1904; — QUEYRAT, *Les jeux des enfants*, F. Alcan, Paris, 1905; — A. BINET et SIMON, *Le développement de l'intelligence chez les enfants* (Année psych., 1908). Ces mêmes ouvrages et d'autres, suivant la nature du sujet, seront consultés dans la suite.

seulement les hommes, mais en quelque sorte tous les êtres; et je réponds qu'il n'épargnerait aucun barbare, s'il pouvait se procurer un truchement. » « Où va la soupe que nous mangeons? » « Est-ce que la cervelle mangée devient de la cervelle? » (48ᵉ m.). « Qu'est-ce qui fait filer les étoiles? » « Pourquoi elles ne sont pas à la même distance? » « Pourquoi elles ne sont pas de la même couleur? » (56ᵉ m.). « Qui a fait les plantes? » (58ᵉ m.). « Comment Dieu fait les enfants? » « Quand on est mort, on repousse? » (64ᵉ m.). « Qu'est-ce que l'air et l'espace? » « Comment font les fleurs pour penser? » « Maman, quand tu étais bébé, comment faisais-tu? — J'avais ma maman. — Et s'il n'y avait qu'un bébé, comment ferait-il, puisqu'il ne pourrait ni remuer ni manger (55ᵉ m.)? » Enfin, « y a-t-il eu un premier bébé? » Autant de questions [1], et parfois très embarrassantes, que l'on surprend sur les lèvres de l'enfant; et le terrible enquêteur est souvent assez avisé pour sentir l'insuffisance des réponses qu'on lui donne : elles le laissent un peu rêveur.

---

1. CHAM., *loc. cit.*, p. 145, 165, 173.

L'enfant veut savoir : le mystère immense qui l'entoure lui pèse, et son effort perpétuel consiste à le dissiper. C'est ce qui donne à son attitude, et particulièrement à son regard, ce quelque chose de profondément sérieux que l'on a si souvent remarqué. « Si nous étions appelés, dit James Sully, à dessiner le portrait type du petit garçon, nous le représenterions debout, les yeux tout grands ouverts, contemplant quelque nouvelle merveille ou écoutant les explications de sa mère sur les choses qui l'entourent. Aussi peut-on pardonner à M. Bret Harte la légère exagération de cette pensée : « Tous ceux qui ont étudié avec amour le petit animal humain, admettront que son expression habituelle est la *gravité*, non l'enjouement[1]. »

On ne trouve rien de pareil chez les bêtes. Elles ne se meuvent que sous l'influence de leurs besoins et s'endorment dès qu'ils sont satisfaits, ou ne jouent que pour dépenser leur surplus de forces physiques. L'enfant prouve dès ses premières heures qu'il possède une activité d'un ordre à part, une spontanéité

1. J. SULLY, *loc. cit.*, p. 92-93.

dont l'élan déborde les données de l'expérience;
et cette énergie spécifique s'accuse toujours
davantage, à mesure qu'il compte plus de
printemps. Essayons d'en suivre l'évolution.

I

Dès que l'enfant commence à parler, il
emploie un certain nombre de termes généraux : L'eau, le feu, le cheval, le oua-oua.
Supposez qu'un enfant soit allé au Jardin
d'Acclimatation et qu'il ait passé par le quartier des chiens; il a vu des terre-neuve, des
dogues, des Saint-Bernard, des roquets et
des bassets. A tous ces individus, si nombreux qu'ils puissent être, il applique ensuite
un seul et même signe, celui de chien. Pourquoi? Parce que ce signe correspond à l'ensemble de leurs traits communs. Mais il
n'existe rien de tel dans la réalité; la réalité
ne contient que du particulier et du concret.
Il n'y a de trait commun que pour celui qui les
discerne; et l'on ne peut les discerner qu'en
les isolant de leurs conditions d'existence,
d'espace et de temps. Tout trait commun est

donc par essence quelque chose d'autre qu'une sensation ou qu'une image composite dont le dessin s'embrouille à mesure qu'elle représente un plus grand nombre d'individus; c'est, comme l'a vu H. Taine, un caractère qui demeure également net, quel que soit le nombre des individus auxquels on l'applique : c'est un véritable universel. Il suppose donc un facteur qui dépasse infiniment la portée des sens; il suppose la raison [1].

Ce point capital, M. Cramaussel a le mérite de l'avoir discerné. « Lorsque *m* (8 mois) reconnaît son lait en voyant la tétine, il n'y a peut-être là qu'association; il n'y a sans doute qu'intuition lorsqu'elle reconnaît son lait au moment où on le verse dans le verre; mais il y a déjà sans doute commencement de

1. Comment donc les animaux connaissent-ils les ressemblances que présentent les faits? On peut répondre d'abord qu'à toutes les représentations individuelles du même groupe correspond un même fond d'émotion qui produit la même suite de mouvements. On peut faire remarquer aussi avec William James, bien que cette seconde hypothèse soit à peine soutenable, que, si les animaux n'ont pas de *concepts*, ils sont capables de *percepts*, c'est-à-dire d'abstraits sur lesquels ils n'ont pas la puissance de réfléchir, qu'ils forment d'une manière tout instinctive, sans le savoir.

concept lorsqu'elle reconnaît sa nourriture dans la première soupe qu'on lui présente, ou qu'elle choisit sur la table, entre autres menus objets, des miettes de pain dont elle n'a encore jamais goûté. De même, si elle rit en voyant ses sœurs jouer et rire avec nous, ce n'est là qu'une intuition imitative. Mais le concept apparaît déjà lorsque le jeu, s'animant un peu trop, elle nous regarde pour savoir si elle doit rire ou pleurer : l'enfant a quelque vague notion d'un ordre de choses comestibles ou non, de ce qui est dispute ou jeu. On en a pour indice la sûreté avec laquelle elle cherche et trouve, à propos d'objets nouveaux, les signes de cet ordre [1]. » L'enfant, au bout d'un certain nombre de mois, exerce déjà une activité qui, sans qu'il le sache, le jette en face de l'infini.

*
* *

Ce pouvoir intellectuel d'élaborer les phénomènes est antérieur au langage. L'enfant conçoit avant de parler; et s'il parle, c'est parce qu'il conçoit.

Il invente d'abord des gestes pour faire

1. CRAMAUSSEL, *loc. cit.*, p. 108-109; cf. *ibid.*, p. 91-92.

connaître ce qu'il veut, les choses dont il a·besoin ou qui l'intéressent [1]. Puis, il invente des mots et des phrases en vue de traduire ses émotions, ses désirs et ses pensées.

L'enfant commence par gazouiller comme un oiseau. On surprend sur ses lèvres un babil tel que celui-ci : « Bouillo », « lélé », « taoubtiop », « taboutélé » « baiapa », « iéké », « mnomnom », « pouillopoutabmabou » [2]. Qu'entend-il par ces termes? Il ne le sait sans doute que d'une manière fort confuse; mais il cède déjà au besoin de débrouiller le mystère de sa conscience. Puis, ce verbiage ne tarde pas à prendre un sens précis. « Ainsi S (10ᵉ m.) dit, en maniant nne montre : « Beugueu-eu »; un porte-bougie : « eu eu »; un réveil : mnomno, aty..., gag... eu eu; un vase de porcelaine : peuttéa... tatyé,.. yéyé..., dété... Enfin, le son « keu » se fixe pour signifier, à ce qu'il semble : Voici un objet qui m'intéresse, que j'aime voir et toucher. Chez A (7ᵉ m.), c'est

1. J. SULLY, *loc. cit.*, p. 194-197.
2. CRAM., *loc. cit.*, p, 82; cf. J. SULLY, *loc. cit.*, p. 197-198; WUNDT, *Vorlesungen über die menschen und Thiersecle*, 287, Hamburg, 1892.

« heihei » qui paraît avoir cette signification. Pour exprimer un désir, le même « heihei » est accompagné d'un frétillement des mains et de tout le corps. Pour J (8e m.), « hemhem » paraît signifier : « Fais aller la voiture ou je vais me mouiller [1]. » M (17e m.) s'indigne et vitupère en ces termes : « Emémé napé bougnagna... Maméné yéyé [2]. » Du 20e au 25e mois, S garde le mot « na », par lequel elle a d'abord réussi à nous faire entendre qu'elle désigne les fleurs. Ce mot est ensuite employé avec « fleul » (vers le 23e m.) et finit par disparaître devant lui. De même pour J, « co » signifie longtemps : pendule, cadran; « gou » désigne la musique écrite; « queupeu », une page imprimée. Pour S, à 25 mois, « angilet », c'est le ciel. Et sur ce point il n'y a pas de doute; car il nous conduit lui-même vers le ciel ouvert et nous le montre. Il remarque d'ailleurs que son mot est formé de ciel, ange, angelus : il en donne l'étymologie [3].

1. CRAM., *loc. cit.*, p. 82-83.
2. *Ibid.*, p. 82.
3. *Ibid.*, *loc. cit.*, p. 83-85; cf. J. SULLY, *loc. cit.*, p. 194-205.

« Je me souviens de cet état, dit saint Augustin en parlant de son enfance ; et j'ai remarqué depuis par où j'ai appris à parler, et que ce n'a pas été par aucune méthode, ni par aucune leçon que des personnes plus avancées en âge m'aient faite pour m'apprendre les mots, comme on m'en fit bientôt après pour m'apprendre à lire ; mais par la force de l'intelligence naturelle que vous avez mise en moi, ô mon Dieu[1]. » Ces paroles sont la traduction vive de la réalité.

Supposez qu'un enfant fût privé de tout contact avec la société, il est probable qu'il se ferait à lui-même une langue plus ou moins rudimentaire. Et c'est assez pour ébranler la thèse de Bonald d'après laquelle l'homme n'eût jamais parlé, si le Créateur ne lui avait donné un langage en même temps que la vie. Comme l'a fort bien remarqué WITHNEY dans son étude sur *La vie du langage*[2], « l'acte de comparer et d'abstraire précède, et le signe suit ». L'esprit invente d'abord le concept ;

1. *Les confess.*, I, 8, trad. S. Maur, Paris, 1776 ; cf. *ibid.*, 114.

2. *Ibid.*, p. 246, F. Alcan, Paris, 1892 ; cf. *ibid.*, p. 25-29, 232.

puis, pour noter et communiquer son invention, il y joint des mots. Telle est la loi de
notre esprit. Et dès lors, quelle impossibilité
voit-on à ce que l'homme se crée avec le temps
un système de symboles grâce auquel il éti-
quette et coordonne ses propres pensées? Le
principe est donné; le besoin de s'exprimer,
de classer et la lutte pour la vie font tout le
reste.

II

Les concepts de l'enfant ne tardent pas à
se transformer en jugements. Mais ce progrès
ne s'opère pas d'un seul coup; on peut y distinguer trois étapes principales.

Il y a d'abord des phrases à l'état implicite
dans un grand nombre des substantifs dont
se sert l'enfant. « Preyer remarqué que le
mot chaise signifie : « il n'y a pas de chaise »;
« Je veux qu'on me mette sur ma chaise »;
« ma chaise est cassée »; etc. De même,
l'expression « par terre » veut dire : « la cuil-
lère est tombée par terre »; « Je suis par

terre »; « Je veux qu'on me mette par terre[1] ». La nuance de la pensée est indiquée par l'intonation et le geste.

Puis, l'enfant accole des mots entre eux, sans les unir à l'aide d'un verbe; et ces alliances sont encore la plupart du temps des phrases a l'état implicite. L'enfant dit, par exemple : « Papa pétards », pour signifier : « Papa a des pétards »; « tante gâteau », pour signifier : « tante m'a donné un gâteau ». Voici un autre exemple du même genre de combinaisons : « maison lait »; ce qui s'interprète : « Je veux aller à la maison et boire mon lait[2] ».

Au troisième stade, le verbe apparaît : il se montre d'abord par intermittence, puis d'une manière continue.

C'est ce que M. Cramaussel note avec une grande précision à la page 64e de son étude. Voici son exposé. « Au 28e m., dans *Pauvre Pécheur* de Puvis de Chavannes, J. voit : « *Barque, fieu dans dîne... bâton dîne aussi... battre bébé... caché... mémé prend... pelle.* » Traduction : une barque, un Monsieur

1. J. SULLY, *loc. cit.,* p. 237.
2. ID., *loc. cit.,* p. 237-238.

dedans, il dîne, le bâton dîne aussi. (La surface de l'eau ressemble assez, dans la photographie, à une nappe blanche devant laquelle le Pêcheur et le mât seraient attachés). Le bâton est là pour battre le bébé... qui s'est caché, sa grand'mère va le prendre, il y a aussi une pelle (rame).

On répète l'expérience vers le 37° m.; et voici les réflexions que l'on obtient : « *il y a un bateau, un Monsieur... il rame... une petite fille est tombée, sa maman la prend... c'est tout* ». La description est plus cou . mais déjà moins fantaisiste.

Écoutons maintenant A (5 ans) : « *C'est un pêcheur, il rame... Non, il ne rame pas, qu'est-ce qu'il fait?... Ça* (l'armature du filet), *c'est le pied du bateau. Là, deux bébés, un noir. Celui-ci tire l'autre* ».

Enfin, S (6 ans et 6 mois) : *C'est un pêcheur... il tient... un poisson... Il est pauvre,* ce Monsieur; alors, *pour avoir du poisson, il prie... Et ça, que c'est* (Réponse : le filet). *Alors lui, avec cette corde, il le fait remonter le long de la voile* (du mât), *il prend le poisson et le met dans le bateau... Et ceux-là, ils jouent avec des fleurs... mais il n'y a pas de fleurs au bord de la mer! ou alors c'est des fleurs de mer que l'eau a jetées. »*

Tels sont les faits observés : voyons maintenant ce qu'ils signifient au point de vue logique. Parmi les jugements précités, il y en a de généraux ; il en est aussi de particuliers : et c'est le plus grand nombre.

Les premiers contiennent évidemment deux concepts : le sujet et par suite le prédicat.

Les seconds ne présentent pas le même caractère; mais leurs deux termes ne sont pas concrets l'un et l'autre.

L'enfant A dit en face du *pauvre pêcheur : ce bébé est noir*. De quelle manière est-il parvenu à former ce jugement? Il a dû faire d'abord une sorte d'analyse rationnelle, pour distinguer dans la totalité physique du sujet le prédicat qui l'affecte : du tout qui est noir, il a dû séparer mentalement *la noirceur*. Puis, procédant par voie de synthèse, il lui a fallu réunir ces deux termes l'un à l'autre. Or comment s'emploie ici le second de ces termes? Il n'est point compris en tant qu'il existe dans tel temps et tel lieu; mais en tant qu'il a telle essence. Il n'intéresse le jugement que par sa qualité, considérée en dehors de toute condition individuante : c'est un véritable concept.

L'activité conceptuelle de l'enfant se révèle aussi, et sous un mode ... s formel encore, lorsqu'il introduit le verbe dans ses phrases. Le verbe, en effet, contient des désinences qui marquent le temps et la personne ; il contient également soit une passion soit une action que ces désinences circonstancient. Or ce sont là deux sortes de concepts, et des plus abstraits que l'on puisse trouver. C'est sans doute la raison pour laquelle le verbe apparaît en dernier lieu dans les phrases de l'enfant.

« Nous parlons métaphysiquement », disait Claude Bernard. Cette formule profonde est vraie de l'homme ; elle l'est aussi de l'enfant, et pour la même raison.

III

Du jugement au raisonnement il n'y a qu'un pas. Et ce pas, l'enfant le franchit très vite, sous l'influence du besoin qui le possède de connaître les gens et les choses.

L'enfant raisonne surtout par *analogie*. Il remarque d'abord entre les objets qu'il voit certains traits de ressemblance qui frappent

son imagination ou qu'il croit lui être utiles ;
puis il conclut de là que les autres choses
qui présentent aussi ces traits de ressemblance, appartiennent à la même classe de phénomènes. Un petit garçon de trois ans croyait
que toutes les grenouilles, les souris, tous
les oiseaux et les papillons avaient des noms
qui leur avaient été donnés par leurs mères[1].
Quand l'enfant a assez d'expérience pour
savoir que certaines choses peuvent être à la
fois vues et touchées, il croit que tout ce qu'il
voit est tangible et substantiel. Il essaie de
toucher les ombres, les rayons du soleil dansant sur le mur et les formes peintes dans les
images...

« Une petite fille d'un an et onze mois
prenait dans ses mains les rayons du soleil et les mettait sur sa figure. La même
petite fille, un mois auparavant, exprimait
le désir de laver de la fumée noire. C'est
aussi la même enfant qui grondait le vent
d'avoir ébouriffé sa mère ; et sa croyance
dans la réalité visuelle du vent était si forte
qu'elle demandait à sa mère de la tenir en

1. J. SULLY, *loc. cit.*, p. 109-10.

l'air assez haut pour qu'elle pût voir le vent. Dans cette dernière anecdote, l'enfant est amené du fait de sentir et de résister à l'idée qu'elle pourrait voir.

« Un garçon américain de dix ans, qui avait eu un très petit professeur assez désagréable et dont le maître préféré était de haute taille, aborda un nouveau professeur en disant : « Je crains que vous ne soyez un professeur assez désagréable ? — Pourquoi ? Suis-je donc désagréable ? — Non, répondit l'enfant, mais vous êtes si petit[1] ! » Le fait d'avoir une petite taille s'était associé, dans la pensée du jeune Yankee, avec celui d'être un peu méchant. En conséquence, il concluait à la présence du second partout où l'observation lui révélait l'existence du premier.

L'enfant ne tarde pas à diminuer le nombre de ces sortes d'inférences. A mesure qu'il grandit, son esprit se développe : il apprend à discerner les différences qui se dissimulent sous les ressemblances, et s'aperçoit de plus en plus que sa logique est trop hâtive. Par exemple, il en vient très vite à se rendre

1. J. SULLY, p. 104-105.

compte qu'un oua-oua en carton n'est pas un vrai chien, à reconnaître son père dans un groupe de personnes et même à la vue d'une simple photographie. On trouve des enfants qui sont, à cet égard, d'une étonnante précocité. « Un petit garçon de deux ans et onze mois, voyageant avec sa mère de Dublin à Cork et ensuite sur une autre voie, lui demanda si elle avait remarqué la différence entre les rails sur les deux lignes. Elle fut obligée d'avouer que non ; mais elle put vérifier ensuite qu'il y avait entre eux une légère différence qui n'avait pas échappé au regard attentif de son fils[1]. »

Le raisonnement analogique est comme le trait distinctif de la dialectique de l'enfant.

Il ne s'en tient pourtant pas à l'usage de cette arme dans la chasse qu'il fait à l'ignorance ; il a d'autres flèches dans son carquois. L'enfant possède aussi sa manière à lui de faire des *déductions*.

Un marmot de quatre ans disait un jour à sa mère : « Les mamans gentilles jouent avec leurs enfants ; tu es une maman gentille et je suis ton enfant ; alors tu faux jouer avec

____

1. J. SULLY, p. 96.

moi[1]. » Écoutez d'ailleurs ce raisonnement d'une petite fille de trois ans et demi. Ce n'est pas un syllogisme en forme, comme le précédent; mais il est plus curieux et suppose déjà une bonne petite dose de réflexion. Elle se prit à demander qu'on lui mît une grande pierre sur la tête, parce que, disait-elle, son désir était de ne pas mourir. Et, comme on l'interrogeait pour savoir comment cela pourrait l'en empêcher, elle répondit avec assurance : « Parce que si j'ai une grosse pierre sur la tête, je ne grandirai pas; les personnes qui grandissent deviennent vieilles et meurent[2] ».

Un petit Américain de quatre ans jouait, criait et sautait autour de sa vieille tante. « Mon ami, lui dit-elle, tu es si turbulent que je ne puis plus te supporter. — Rejette ton fardeau sur le Seigneur, lui répondit-il; et il te soulagera[3]. » Spirituelle réplique, à mon humble sens; et il est probable que les commentateurs les plus habiles n'avaient jamais pensé qu'on pût faire des préceptes de l'Écriture une semblable application.

1. CRAM., *loc. cit.*, p. 167.
2. J. SULLY, p. 170-171.
3. ID., *eod. loc.*, 105-106.

Nous trouvons un cas plus surprenant encore chez une petite fille de trois ans et neuf mois. Un jour qu'elle était avec sa mère, elle lui dit à brûle-pourpoint : « Maman, M. C. est dans cette chambre. » C'était un monsieur de leur connaissance qui venait de mourir. « Oh! non, répondit la mère un peu étonnée. — Oui, il y est, insista la petite. Tu m'as dit qu'il est auprès de Dieu, et tu m'as dit que Dieu est partout ; donc, si M. C. est auprès de Dieu, il est dans cette chambre[1]. » Le moyen de répliquer à cette précoce théologienne! Il est probable, du moins, que la maman dut le chercher longtemps. Les prémisses une fois posées, l'enfant va tout droit à la conséquence, et parfois avec une étrange rapidité.

L'enfant emploie aussi, dans certaines circonstances, un troisième mode de raisonnement, qui est plus complexe d'ordinaire et qui par là même lui devient moins familier.

Un petit garçon de cinq ans fut le seul, parmi trente enfants de son âge, à reconnaître son oncle déguisé en bonhomme Noël. Lorsque son père lui demanda pourquoi il avait

1. J. SULLY, p. 183.

supposé que c'était son oncle. « Je ne sais pas, répondit-il d'abord » ; puis, réfléchissant un instant : « Je ne vois pas qui d'autre cela peut être ». Cet enfant montrait par cette réplique qu'il avait fait sa découverte par voie *d'exclusion*[1].

On dira, sans doute qu'un certain nombre des cas mentionnés sont exceptionnels. Nous l'avouons sans peine. Mais ils ne présentent pas tous ce caractère ; et l'on en pourrait citer une infinité d'autres qui, pour n'avoir pas le même relief, ne laissent pas de conserver la même signification. Qu'importe d'ailleurs que les faits précités dépassent la moyenne ? Ils n'en existent pas moins et montrent d'autant mieux ce que nous voulons mettre en lumière, à savoir l'éveil de l'enfant à la vie intellectuelle. Depuis quand est-il défendu de choisir des phénomènes typiques, lorsqu'il s'agit de discerner la nature ou le développement d'une fonction vitale ?

1. J. SULLY, p. 86.

IV

L'enfant se fait des concepts : il juge, il raisonne ; et, dans ses raisonnements, il emploie à peu près tous les modes que nous employons nous-mêmes. En outre, et c'est un fait plus notable encore ; il a déjà quelque notion des principes directeurs de l'entendement. Sans doute, on ne le surprend pas à les formuler, comme le font D. Hume ou Kant ; mais il s'en sert, et c'est sous leur poussée continue que son esprit va de l'avant. S'il ne fait pas encore de la métaphysique dans le sein de sa mère, reste du moins qu'il naît métaphysicien.

L'enfant acquiert de bonne heure une certaine connaissance du principe d'identité. Il peut s'y tromper au premier abord ; mais, en général, il parvient très vite à découvrir le caractère impérieux de cette loi suprême de la pensée et des choses : au moins dans quelques cas très simples, il lui suffit, pour y réussir « d'un rappel de l'attention, d'un retour sur soi ». Un papa se trouvait un jour dans sa chambre avec l'une de ses filles qui avait 26 mois. Il lui suggéra qu'il était dans la rue. Elle l'y chercha du regard, sans penser à ce que son mouvement présentait de contradictoire. « Mais le lendemain, à une tentative semblable, l'enfant se contente de regarder son papa en riant; puis, elle va faire à sa sœur la même plaisanterie, dont elle lui donne tout de suite la clef [1]. » Un petit garçon de huit à neuf ans posait un jour cette question : « Si j'étais allé en haut, est-ce que Dieu pourrait faire que je ne sois pas monté [2] ? » C'est un problème à la Descartes. Descartes aussi, vu sa théorie de la liberté divine, avait dû se demander si le Créateur peut faire « qu'une chose faite n'ait pas été faite ». Et l'on débattait déjà cette question bien avant le philosophe de la Haye, comme on en peut juger par les écrits de Guillaume d'Occam, de Robert Holcot, de Gerson et de Pierre Pomponat.

Parallèlement au principe d'identité, éclôt et se développe le principe de causalité; et celui-ci prend dans l'évolution mentale de l'enfant un rôle beaucoup plus important que

1. CRAM., *loc. cit.*, p. 171.
2. J. SULLY, *loc. cit.*, p. 124.

celui-là. Ses questions se rapportent le plus souvent « à l'origine, à la provenance, à la fabrication de ce qui l'entoure » : il procède en cela comme un petit philosophe. « Maman, demande-t-il d'un air inquiet, qu'est-ce qui fait pousser les plantes? » « La lune a-t-elle donc des ailes pour se maintenir en l'air? » « Papa, est-ce que les poissons peuvent respirer avec leurs bouches sous l'eau? » « Pourquoi ne voyons-nous pas deux choses avec nos deux yeux? » Dites-moi donc, « comment pouvons-nous, quand nous le voulons, mouvoir notre bras ou le garder immobile, tandis que le rideau ne peut bouger à moins que le vent ne le remue[1]? » Puis viennent d'autres questions plus pénétrantes encore et d'un autre ordre. Quand on explique devant un enfant que Dieu a tout fait, on obtient parfois cette instance : « Et qui donc a fait Dieu? ». La tendance de l'enfant à remonter la chaîne des faits, l'accule à l'existence d'une cause première; et c'est un mystère qui gêne l'essor de sa pensée. Il voudrait voir ce qu'il y a derrière cette éternité, comme il désire voir ce

____

1. Question d'une petite fille *de quatre ans et trois mois* (J. SULLY, *loc. cit.*, p. 163).

qu'il y a derrière la rangée de collines bleues qui forme son horizon. M. Egger en donne un gracieux exemple. Comme une mère disait à son enfant qu'avant le monde il n'y avait que Dieu, il fit cette demande : « Et avant Dieu? — Rien. — Oh! si, il devait y avoir la place où Dieu est[1]. » Un autre petit garçon à peine âgé de huit ans disait à un prêtre qui était venu voir sa mère : « Mon père, pourquoi Dieu ne tue-t-il pas le diable? Il n'y aurait plus alors de méchanceté dans le monde[2]. » Question d'une forme naïve, mais qui ne se rapporte pas moins à l'un des problèmes les plus troublants de la philosophie[3].

L'exercice de l'intelligence infantile accuse aussi la présence d'un autre levier intérieur, qui touche de près au précédent et que l'on appelle le principe de finalité. « Rien de vain; tout a un but », disait Socrate avec un certain enthousiasme. Cette croyance d'un ordre si élevé domine aussi chez les enfants. On les entend

1. *Observations et réflexions sur le développement de l'intelligence et du langage chez les enfants* (Acad. des sciences morales, 1879); — cf. J. SULLY, *loc. cit.*, p. 122, 184.
2. J. SULLY, *loc. cit.*, p. 124.
3. ST.-MILL, *Essais sur la Relig.*, p. 170, Paris, 1884.

poser des questions de ce genre : « Pourquoi le mouvement des étoiles? Pourquoi les feuilles tombent-elles? A quoi peut servir le bruit du tonnerre? Le vent et la pluie, disait une petite fille, viennent et pénètrent partout, sans aucune considération pour maman et babba, rien que pour les ennuyer. » Un petit garçon de quatre ans demandait un jour à sa mère ce que faisaient les abeilles; puis, il ajouta : « A quoi est-ce qu'elles servent? » Comme on lui répondait qu'elles faisaient du miel, il répliqua non sans à-propos : « Alors, est-ce qu'elles nous l'apportent à manger? » La pensée des enfants est tellement pénétrée de l'idée de fin que c'est par là le plus souvent qu'ils définissent les objets. A. Binet demandait un jour à un enfant ce que c'est qu'un chapeau : « Pour mettre sur la tête », lui fut-il répondu. On interrogeait un jour des enfants de cinq ans nouvellement entrés à l'école primaire. A cette question : « Qu'est-ce qu'un arbre? » ils répliquèrent tour à tour : « Pour faire souffler le vent; pour s'asseoir dessous »; ainsi de suite[1]. « Pour nous sont les

1. J. SULLY, *loc. cit.*, p. 117-118.

destinées, pour nous le monde ; il luict, il tonne pour nous : et le Créateur et les créatures, tout est pour nous : c'est le but et le point où vise l'université des choses. » Tel est le langage de l'homme, d'après Montaigne; c'est encore plus celui de l'enfant. Il croit à la finalité; et son finalisme est d'espèce anthropocentrique.

V

Poussé par les principes qui se révèlent à sa pensée, l'enfant se fait déjà une certaine conception du monde, mais où l'imagination l'emporte sur la raison : il se crée, comme les poètes, une sorte de mythologie; ce qu'il y a de plus notable, c'est que cette mythologie revêt la forme animiste.

M. Cramaussel a nié ce caractère de la téléologie infantile[1]; mais les faits plaident d'ordinaire contre sa manière de voir.

L'enfant anime sa poupée, son cheval de bois et son chien en carton; pour lui, l'étoile

1. J. SULLY, p. 169.

scintillante est « un œil clignotant »; le tonnerre est « le gémissement de Dieu », et le pétillement de la flamme une « toux » ou « l'aboiement d'un chien »; les gouttes de rosée lui apparaissent comme « les larmes de l'herbe ». « Quelques élèves de la classe enfantine d'une école normale primaire à Londres furent interrogés sur ce qu'il y avait de vivant dans la chambre. Ils répondirent aussitôt : « La fumée et le feu ». D'immenses choses mues par un mécanisme intérieur que l'enfant ne comprend pas, sont naturellement pour lui douées de vie. Une petite fille de treize mois offrit un biscuit à un tram à vapeur; et l'auteur de *The invisible playmate* nous raconte que sa petite fille voulait caresser « la jolie tête de la locomotive »[1]. Lorsqu'un enfant voit coucher le soleil, il dit parfois que Dieu le tire en haut, le prend au ciel et le met au lit; ou bien il imagine que cet astre, après s'être couché, s'étend derrière les arbres où les anges en ont soin[2].

Pour les petits Américains, Dieu possède une maison et une cave à charbon. Il brûle

1. J. SULLY, *loc. cit.*, p. 136.
2. *Ibid.*, p. 143.

du gaz; et c'est ce qui produit les éclairs. « L'un d'entre eux s'imaginait la création divine de l'homme comme un procédé mécanique aux divers degrés de fabrication parfaitement distincts : l'homme de pierre, l'homme de fer et enfin l'homme réel[1]. » Un enfant de quatre ans refusa un jour de dire ses prières. Elles sont trop vieilles, disait-il. Dieu les a entendues si souvent qu'elles doivent lui sembler bien vieilles aussi; il les connaît aussi bien que moi. » « Oh maman! s'écriait un autre petit garçon de trois ans et huit mois, comme tu m'as tenu éveillé longtemps! Dieu a dû se demander quand je commencerais à faire ma prière[2]. »

*
* *

On voulait à tout prix que l'enfant ne fût rien de plus qu'un petit animal : on l'a dit en prose et en vers, on l'a crié sur tous les tons. La Psychologie infantile devait être une justification de la théorie associationiste. C'est dans le sens contraire que se prononcent les faits

1. J. SULLY, p. 133.
2. *Ibid.*, p. 391-392.

mieux interrogés. L'enfant, dès son âge le plus tendre, a tous ces « muscles invisibles » de la pensée, dont parlait Leibniz et qui donnent à notre esprit sa force d'élan : il se crée des concepts et des synthèses de concepts ; il découvre les principes directeurs de l'entendement et les voit du premier coup avec leur marque distinctive qui est d'être absolue. La conscience de l'enfant « se meut déjà dans l'infini », bien qu'il n'en ait encore qu'une connaissance plus ou moins confuse. Il n'est jamais étranger à ce « soleil des intelligibles » où Platon place à la fois l'origine de l'être et de la science.

CHAPITRE III

L'INTELLIGENCE DES PRIMITIFS

Il fut un temps où l'on n'entendait parler que d'évolutionnisme. La sensation est au début, au milieu, à la fin : la sensation est tout, comme le Pan des vieux Grecs. C'est de là, et de là seulement, que procèdent par degrés insensibles toutes les manifestations de la vie, si hautes et si riches qu'elles soient : infiniment variée dans son œuvre, la nature n'a pourtant qu'un thème. Voilà le nouvel Évangile que l'on nous a prêché pendant plus de soixante-dix ans.

Il fallait donc que le sauvage représentât l'origine animalesque de l'humanité : il devait être un primitif et qui ne s'élève que d'un degré au-dessus de la bête. Ainsi le voulait la logique du système.

C'est à faire valoir cette idée qu'ont déjà

travaillé Darwin et H. Spencer, les deux fondateurs de l'évolutionnisme; et leur exemple a
suscité toute une légion d'imitateurs : Fraser,
Tylor, Lubbock, et nombre d'autres écrivains
ont lutté dans le même sens. La question des
« primitifs » est devenue à la mode : il a paru
sur leurs croyances et leurs mœurs une littérature considérable, très lourde d'ailleurs et
toute systématique. Ne fallait-il pas que
l'hypothèse triomphât? Et naturellement, les
auteurs qui ont avancé les explications les
plus hardies, sont ceux qui n'ont jamais vu la
peau d'un sauvage.

J'en donne pour exemple l'étude de M. Lévy-
Bruhl sur les *sociétés inférieures*.

Suivant ce sociologue, le sauvage n'a ni
représentations ni concepts. C'est un être
purement émotif, complètement à la remorque du milieu qui l'entoure et dans lequel
il est comme « baigné ». Il faut que la
société prenne un certain développement autour de lui, pour qu'il en reçoive « l'étincelle excitatrice ». C'est alors seulement
qu'il se met à raisonner. Voilà d'après ce penseur, l'idée dont il convient de partir, si l'on
veut comprendre quelque chose à la vie du

primitif : c'est qu'il ne nous ressemble nullement. Il ne s'appuie pas sur des principes pour en
tirer les conclusions ; il ne va pas non plus du
semblable au semblable, comme le veut Stuart
Mill. Son état d'âme est unique et ne comporte
qu'un nom : il est « prélogique ».

Le problème de l'origine des croyances religieuses ne se pose donc pas au sujet du sauvage ; et pour une bonne raison, c'est que la
matière fait défaut. Le sauvage sent, il ne
pense pas ; par suite, il n'a pas de « représentations qui se posent devant lui comme des
objets ». Exclusivement mystique, il est incapable de religion. Ancêtres, héros, génies,
divinités : autant de choses qui ne peuvent
apparaître que « dans des sociétés d'un type
plus élevé » ; « la symbiose » primitive les
exclut.

C'est peut-être là ce que l'on a écrit de
plus neuf et de plus pénétrant sur la mentalité des primitifs ; il faut ajouter qu'on
ne trouve rien de plus violemment opposé aux
données de l'expérience. Imitez donc, disciple
ardent de Comte, imitez Benjamin Constant, qui
avait recueilli plus de six mille faits pour ren-
verser la thèse de la divinité du christianisme.

A ces documents innombrables qui semblent militer pour votre hypothèse, dites, ainsi que le spirituel auteur : « Volte-face ». Et pas un d'entre eux ne résistera ; ils obéiront comme seul homme, heureux de ne plus sentir la douce contrainte qu'on leur imposait.

I

On a fini par en avoir assez de ces philosophes animalisants qui veulent de toute rigueur que nos ancêtres aient marché à quatre pattes ou rampé sur le ventre. En Angleterre, puis en France et dans les pays d'Outre-Rhin, il s'est produit une réaction puissante pour rétablir la vérité de plus en plus amoindrie ; et l'on peut dire que la réplique est décisive.

En 1896, Andrew Lang reconnaissait déjà que « la religion, sous son aspect moral, peut toujours se ramener à la croyance en une puissance qui est bonne et qui travaille au règne de la Justice ; il affirmait que « tous les sauvages ont des dieux et que tous ils ont dans le cœur l'idée d'un père et d'un ami[1] ». Mais il conti-

____

1. *Mythes, cultes et religion*, p. 307-308, Alcan, Paris, 1896 ; cf. *Ibid.*, p. 318.

nuait à dire que, sous l'influence de la mythologie, l'idée de cet être suprême s'est généralement dégradée, qu'elle s'est revêtue peu à peu de prédicats indignes, qui ont fini par s'identifier avec elle [1].

En 1898, A. Lang prend une attitude à la fois plus nette et plus ferme, dans une nouvelle édition de son ouvrage sur l'*Origine de la Religion* [2]. Il croit avoir des témoignages irrécusables pour établir qu'il existe une croyance « en un être suprême » chez les peuples les plus sauvages, et cela dans toutes les parties du monde. « Nous allons montrer, dit-il, que les sauvages inférieurs sont aussi monothéistes que certains chrétiens; ils ont un être suprême, et ils n'assignent pas plus les attributs distinctifs de la divinité à d'autres êtres que les chrétiens ne les assignent aux anges, aux saints ou au diable [3]. » Ils ne le conçoivent pas comme un esprit, car ces peuples ne possèdent pas la notion du spirituel; à leur sens, c'est un être dont on ne scrute pas la nature, mais dont on peut dire qu'il n'est pas né, qu'il ne

1. *Mythes, cultes et religion,* ch. XI-XVII.
2. *The Making of religion,* London.
3. *Ibid.,* I, 167.

meurt pas, qu'il a fait tout ce qui existe, qu'il a enseigné aux hommes les arts et la morale et qu'il surveille leur conduite du haut du ciel, sa demeure [1]. Et l'éminent ethnologue apporte ensuite les faits qu'il a recueillis, afin de fournir la preuve de son assertion. Les Fuégiens, pourtant si discrédités, et par Darwin lui-même, admettent un être suprême, qui leur interdit le meurtre et connaît toute parole et toute action ; les Chonos, leurs voisins, croient en un esprit bon qu'ils tiennent pour l'auteur de tout bien et qu'ils invoquent dans la détresse et les dangers. Ainsi de la divinité chez les Australiens, le peuple le moins civilisé qui soit : leur Dammulun, leur Baiamé et leur Mungan-Ngana sont appelés père, maître et prescrivent le respect de la loi morale [2]. Ainsi du Cagn de Bushmen ; du Puluga des Andamanais [3] ; ainsi du Dieu des Indiens de l'Amérique du Nord [4].

Comment se fait-il dès lors, demande A. Lang en prenant l'offensive, comment se fait-

1. *The Making of religion*, ch. XI.
2. *Ibid.*, ch. X.
3. *Ibid.*, ch. XIII.
4. *Ibid.*, ch. XIV.

il que les Tylor, les Spencer et les Fraser aient maintenu jusqu'au bout la thèse opposée ? Car ils n'ont pas ignoré complètement cette catégorie saillante de faits qui militent pour la croyance en un être suprême. Tylor en a mentionné quelques-uns dans les premières éditions de ses ouvrages ; d'où vient qu'il n'a pas suivi la piste qui s'offrait à ses yeux ? Spencer lui-même a constaté la notion d'un Dieu souverain chez quelques tribus de l'Afrique ; d'où vient qu'il se contente d'une rapide allusion à cet *alleged benevolent supreme being ?* Fraser, enfin, dont la documentation est si riche et si variée, n'a pas pu ne point rencontrer les témoignages relatifs à l'idée d'un Dieu qui est unique, qui a fait le monde et dont tout relève ; mais on n'en trouve aucun vestige dans la série de ses études. Pourquoi cette singulière sobriété ? observe Lang « Pourquoi M. Fraser n'a-t-il pas soin de citer et de réfuter ces rapports de témoins qui sont si funestes à sa théorie, pendant qu'il les utilise en d'autres endroits ? A quoi tient qu'il affecte de les ignorer en ces points ? Je ne puis pas comprendre cette méthode. Quand un historien a une théorie, il n'omet pas la recherche des faits contradictoires... Assurément, avant toutes choses, notre science doit être scientifique. Elle ne doit pas fermer les yeux devant les faits, uniquement parce qu'ils ne cadrent pas avec ses hypothèses... Elle doit se mettre en quête de ce que Bacon appelle les « instances contradictoires »; car, s'il y en a, la théorie qui les sous-entend est chose inutile[1]. »

Après l'ouvrage de Lang que je viens de mentionner, l'enquête continue de divers côtés à la fois; et partout elle aboutit à des résultats de même nature.

Portman publiait, en 1899, l'*Histoire de ses relations avec les Andamanais*[2]. Il avait habité avec eux, afin de pénétrer peu à peu le mystère de leur vie intérieure. Voici, d'après cet explorateur, l'idée principale qui se dégage du fond de leurs croyances. Puluga n'est pas né, il ne mourra pas. C'est lui qui a créé tous les êtres, les animés comme les inanimés, à l'exception cependant de trois esprits mauvais qui sont les ennemis de la race humaine. La désobéissance provoque sa colère. Il défend la

1. *The Making of religion*, p. 167, 194 (note).
2. *History of our relations with Andamanese*, Calcutta

duplicité, le vol, le brigandage, le meurtre, l'adultère, et punit les manquements à sa loi, non seulement pendant cette vie, mais après la mort. Il a pitié de ceux qui souffrent et les aide souvent. Il sait tout, même les secrets des cœurs.

En 1904, paraissait l'ouvrage *de Howit*, intitulé : *The native tribes of south East-Australia*[1]. Lui, aussi, fait autorité ; car il a résidé longtemps dans la région dont il nous parle. Sa conclusion est pareille à celle de Portman. Les Kurnaïs ont pour dieu Mungan-Ngana, dont le nom signifie « Notre père ». Il veut qu'on écoute les vieillards et qu'on leur obéisse ; il demande aussi que l'on partage tout ce qu'on possède avec ses amis, qu'on n'entre pas en relation avec des jeunes filles ou des femmes mariées, qu'on observe les défenses relatives aux aliments jusqu'à ce que les vieillards en dispensent. Analogue est la conception que représente Baiamé, le dieu des Wiradjuris, des Kamilaroïs et des Euahlayis : il a tout fait et c'est grâce à son action indéfectible que tout se conserve. Dans leurs mystères, les

1. London.

Euahlayis l'appellent leur père commun. Auteur et maître de toutes choses, il est également le législateur de l'humanité; il veille d'ailleurs à l'accomplissement de ses préceptes, et après la mort nous paraîtrons tous à son tribunal. A ses yeux, trois péchés sont irrémissibles : le meurtre, le mensonge aux anciens, le rapt d'une femme avec laquelle la loi de la tribu défend de contracter union. Baiamé recommande surtout le soin des vieillards et des infirmes. Pour les Australiens dont nous parlons, comme pour l'auteur du Jupiter d'Olympie, la bonté croît avec la puissance : elle en est le trait distinctif.

Le Bunjil des Wurundzeris, des Wotzabaluk et des Kulin est également celui qui a produit le monde et qui lui conserve son éternelle jeunesse. On le regarde aussi comme « le père de tout le peuple ». Il est bon et n'est cause d'aucun mal; il enseigna les arts aux hommes et leur donna des lois; puis il remonta vers le ciel dans un tourbillon.

En 1909, Mgr A. Leroy donnait à l'Institut catholique une série de conférences sur la *Religion des Primitifs*, qui paraissaient quelques mois après sous forme de volume. L'auteur, dans cet ouvrage, étudie surtout, on le sait, les races bantoues au milieu desquelles il a vécu pendant plus de quinze ans. Doué, par ailleurs, d'une rare perspicacité et d'une probité scientifique qu'on ne surprend jamais en défaut, il nous apporte un témoignage de haute qualité et de première valeur. Or tel est, me semble-t-il, le résumé de son sentiment sur les croyances religieuses de ces tribus, qui occupent à peu près tout le centre de l'Afrique méridionale. Les Bantous croient à un être suprême qui « fait », qui possède « toute puissance » et « toute autorité », qui est « le grand grand » ou le très haut... Cet être, pour eux, ne se confond ni avec le ciel, ni avec la lune. Ils le distinguent également de l'âme du monde et des génies fixes ou vagabonds : à leurs yeux, c'est l'incorruptible, l'invisible, l'irreprésentable. La discussion de l'auteur sur ces attributs du dieu des Bantous ne laisse d'ailleurs subsister aucun doute : elle repose sur des documents précis et se déroule avec une suite qui pare d'avance à toutes les attaques[1]. Quelle différence à cet égard entre la manière

1. Mgr LEROY, *loc. cit.*, p. 170-178.

de l'évêque missionnaire et celle d'Albert Réville, chez lequel on sent trop souvent qu'il n'a pas vu de ses yeux, qu'il n'a pas approfondi, et même qu'il n'a pas voulu approfondir. La science! oui, mais à condition que, suivant l'expression de A. Lang, elle soit scientifique.

A la suite de ces travaux, M. W. Schmidt ouvrait dans le même sens une véritable campagne. Il publiait toute une série d'études, pour établir qu'il y a chez les sauvages « une sorte de monothéisme » : en 1908, *la Place des Aranda parmi les races Australiennes*[1]; en 1909, *le Groupement sociologique, éthique et religieux des races Australiennes*[2]; en 1910, *l'Origine de l'idée de Dieu*[3] et *la Place des Pygmées dans l'histoire du développement humain*[4]; enfin, en l'année 1911, *Voies nouvelles en science comparée des religions et en sociologie comparée*[5]. Éclairé et affermi dans sa marche par les travaux antérieurs

1. *Die stellung der Aranda unter Australischen Stammen (Zeitschrift für Ethnologie).*
2. *Die Soziologische und religiös-ethische gruppierung der Australischen stammen (ibid.)*
3. *Vienne.*
4. *Stuttgart.*
5. *Revue des sciences philosophiques et théologiques.*

que l'on a cités et bien d'autres encore, l'éminent ethnologue donnait à la thèse déjà soutenue un nouveau degré de relief et de précision.

On trouve donc chez tous les sauvages des marques très nettes de la croyance à un être suprême, à un être qui est au-dessus de la naissance et de la mort, qui a fait le monde et qui commande aux hommes le respect de la loi morale[1]. Et ce Dieu des dieux est si grand qu'il ne ressemble en rien à ce que nous trouvons dans la nature ou même dans notre vie consciente : c'est l'Intraduisible, c'est l'Ineffable.

II

Voilà les faits. Leur témoignage suffit, il est même éclatant. Mais les philosophes sont de race vaillante; ils ne se rendent pas pour si peu. Les sociologues de la nouvelle école

---

1. En 1893, 10 septembre, dans le *Correspondant*, je montrais déjà, sous ce titre : *Idée traditionnelle du devoir en face de la critique,* l'existence de cette triade d'attributs divins dans la croyance des vieux Grecs.

nous opposent une réplique de leur cru dont j'ai déjà fait mention, mais qu'il faut examiner de plus près, vu la prétention qu'elle a élevée de « tout attirer à soi ».

« Sentiment du devoir, dit M. Lévy-Bruhl, sentiment de la responsabilité, horreur du crime, amour du bien, respect de la justice : tous ces sentiments, qu'une conscience délicatement différenciée au point de vue moral croit tirer d'elle-même, et d'elle seule, n'en sont pas moins d'origine sociale. Tous puisent leur force dans les croyances et dans les représentations collectives qui sont communes à tout le groupe social [1]. » Pour les notions religieuses et morales, aussi bien que pour tout le reste, l'homme est le résultat du milieu, rien de plus. Par suite, « loin de ramener l'ensemble de la réalité sociale à la conscience comme à son centre, il faut rendre compte de chaque conscience... par l'ensemble de la réalité sociale dont cette conscience fait partie [2]. » Car elle en est l'expression fidèle et comme le miroir. Tout nous vient de la société, même

1. *La Morale et la science des mœurs*, 235-236, F. Alcan, Paris, 1904.
2. *Id. ibid.*, 205-207.

ce que nous avons de plus intime et de plus personnel.

Vraie de l'individu à l'égard des sociétés les plus parfaites, cette complète dépendance l'est encore plus du primitif, vu sa passivité native et son étonnante plasticité. Le primitif est fait pour recevoir, non pour créer. L'autorité sociale, ce pouvoir qui n'est pas son œuvre et qui s'impose à lui, qui le contraint du dehors, l'envahit de toutes parts et fait respecter ses ordres : telle est la source constante de toutes ses conceptions religieuses et des rites qui les traduisent. Le premier en date et le père des dieux, c'est l'État.

Non point qu'il faille nier le progrès des idées religieuses. C'est un fait; mais il ne s'explique pas comme le veulent certains penseurs un peu simplistes qui font le primitif « à leur image et ressemblance ».

A l'origine, la conscience du primitif est comme perdue dans la collectivité qui l'entoure et l'imprègne de toutes parts. Il s'ignore lui-même et ne vit qu'en elle : il ne se sent pas une autre âme que celle du groupe. Mais plus la société marche, plus aussi l'individu se développe; plus il prend possession de lui-même et tend à se distinguer de son milieu. Alors commence un travail qui ne tarde pas à se manifester par des résultats nouveaux, où la société pourtant ne laisse pas d'avoir le rôle principal. Le croyant n'abandonne pas ses croyances; mais il s' « approprie », pour les défendre, « tous les modes de raisonnement et d'expression » dont la communauté s'est enrichie. Il les transforme en les purifiant au contact de la culture ambiante.

Bref, c'est « au cours de la vie sociale » et sous son action continue que la religion pousse, qu'elle fleurit « en prières, sacrifices, mythologie, morale et métaphysique, sans oublier les pousses folles de la magie : l'arbre est d'une seule venue[1]. » L'idée de « L'Être suprême » suppose donc un milieu déjà très développé; elle n'éclôt et ne peut éclore qu'au terme d'une culture considérable.

*
* *

Simpliste! A coup sûr, cette théorie ne l'est point. Mais il ne suffit pas d'être excentrique,

1. CHANTEPIE DE LA SAUSSAYE, *Manuel d'histoire des religions*, introd. par Hubert et Mauss, XLIV-XLV, Paris, 1904.

pour penser juste, de même que ce n'est pas assez pour un cheval de faire des gambades dans le fossé pour montrer qu'il est de bonne race. A lire cette dogmatique à rebours, on sent que la vérité y souffre violence.

On peut l'accorder sans crainte : la vie sociale exerce une influence profonde sur les individus. Le régime politique, les lois, les institutions, les mœurs, le système d'éducation qui est comme le résultat de tous ces facteurs : autant de principes d'action qui créent peu à peu une manière commune de voir, de sentir, de juger, et par là même d'agir. On est de son pays, comme de son temps. Il se fait une sorte de dressage de l'individu par la société. Et l'échantillon le plus frappant que l'on en puisse fournir, c'est peut-être la mentalité du Chinois.

La Chine s'est organisée sur le type de la famille. L'empereur, qui est le fils du Ciel, est à son tour le père de ses sujets. Sont pères aussi, par délégation, tous les mandarins qui administrent les diverses parties du territoire. Cette idée directrice, depuis Confucius surtout, s'est traduite en un système de rites minutieux et complexe, qui règlent jusqu'aux moindres actions des particuliers. A son tour, cette liturgie savante et sans cesse en exercice a plié l'organisme des individus; elle a façonné leur activité morale, accroissant toujours la vie de l'automate, et diminuant d'autant la vie de la pensée. De là, du moins en grande partie, cet immobilisme étrange et prodigieusement tenace qui a fait comparer la Chine à un vaste couvent. Que l'on ait introduit la République à la place des rois, le Chinois n'en est pas troublé dans ses mœurs[1]. Il cultive sa rizière, comme jadis, et garde ses traditions familiales. Ce nouveau coup de la politique ne le préoccupe pas plus que l'avènement des Mongols ou celui des Manchoux.

On trouve aussi chez les Anglais un exemple curieux de la « pression » que la société fait subir aux individus.

Sans doute, on ne comprendrait pas ce peuple, si l'on ne tenait pas compte de la nature de son territoire et de son isolement. Il ne reste pas moins que le régime politique

1. MONTESQUIEU, *De l'Esprit des lois*, p. 284, éd. Garnier, Paris. — Cf. LE COLONEL TCHENG-KI-TONG, *Les Chinois peints par eux-mêmes*, p. 1-28, Paris, 1884; Mgr P. M. REYNAUD, évêque titulaire de Fussulan, *Une autre Chine*, p. 32-38, Abbeville, 1897.

dans lequel il s'est fixé depuis 1688, a contribué beaucoup à former son esprit. De là viennent en grande partie les traits dominants qu'il présente à l'heure actuelle : son amour de la liberté dans la limite des lois ; sa confiance en son gouvernement, qui possède assez de force pour le protéger sans en avoir assez pour devenir tyrannique ; la capacité de faire un effort héroïque, pour repousser un agresseur ; sa considération des qualités civiles presque à l'exclusion des qualités militaires ; son estime de la richesse et du mérite personnel ; la tendance qu'il montre à coloniser pour étendre son commerce plutôt que pour dominer ; et cet instinct de tolérance religieuse dont il donne des preuves toujours plus sensibles et qui lui vient, non du scepticisme, mais de son respect pour autrui.

La constitution de l'Angleterre est un code de la liberté ; et ce code, une fois mis en exercice, a façonné à son image tout un grand peuple[1].

Ainsi des autres nations, tribus ou cités. La pression sociale s'y manifeste toujours, et

1. Montesquieu, *L'Esprit des lois*, 288-296.

d'une façon d'autant plus profonde qu'elle a duré plus longtemps. Est-ce que nous n'avons pas, en France, un sens de l'honneur et de la bravoure qui descend de la chevalerie, une manière d'entendre le pouvoir qui nous vient de nos rois, un goût de l'éclat et de la pompe dans le commandement que nous ont légué les empereurs Romains?

Mais ce genre d'influence était bien connu avant l'apparition des Durkheim et des Lévy-Bruhl. Aristote en parle, et en termes précis, dans sa *Politique*. Montaigne qui remue tout, en a disserté au cours de ses *Essais*. Montesquieu, J. de Maistre[1] et Le Play[2] ont laissé sur ces matières des pages d'une compétence magistrale.

On savait déjà que la « pression sociale » est quelque chose, et de très important. Les sociologues sont venus ajouter qu'elle est tout, comme le tiers état. Et c'est là que l'erreur commence.

---

1. *Considérations sur la France*, p. 101-103, 105-112; *Essai sur le principe générateur des constitutions politiques*, p. 286-287, Potey, Paris, 1824.
2. *Œuvres complètes de F. Le Play, Origine de la Méthode*, p. 1-70, A. Mame, Tours, 1879; *Les ouvriers Européens*, p. 132-144, 317, 422-436. A. Mame, Tours, 1877.

L'individu n'est jamais entièrement passif à l'égard des idées qu'il reçoit du milieu social. Il en juge et travaille à les transformer quand il ne les approuve pas; il y met d'autant plus d'ardeur qu'il a plus de valeur et d'initiative personnelle. A consulter l'histoire des peuples, c'est une loi qui ne souffre pas d'exception. Qu'est-ce donc que la série de changements religieux, économiques et politiques qui s'effectuèrent dans Athènes depuis Solon jusqu'à Cléon? Qu'est-ce que la lutte si longue et si tendue que soutinrent à Rome les clients contre les patrons et le peuple contre l'aristocratie? A quoi tient notre grande révolution elle-même, si longtemps préparée et débordant enfin, comme un torrent qui crève ses digues, sur la France et l'Europe entière? Que sont tous ces mouvements, si vastes et d'une telle puissance que rien ne saurait leur résister? Sinon des tentatives contre l'ordre de choses établies qui ont leur principe, leur but et leur règle dans les consciences individuelles? Que représentent ces innovations successives et qui finissent par changer entièrement la face d'une civilisation? Si ce n'est la force singulière dont

disposent les membres de la société à l'égard
de l'état social.

Cet ordre de considérations devient encore
plus frappant, lorsqu'il s'agit du progrès
des idées religieuses. Les sociologues que
l'on a cités nous accordent eux-mêmes qu'il
exige un certain travail où « les formes du
raisonnement individuel se substituent peu à
peu aux formes de la pensée collective ».
C'est donc que les croyants sont quelque
chose de plus que des « poumons marins »,
c'est qu'ils ont assez d'initiative pour collabo-
rer avec la société et la pousser en avant. De
plus, en quoi consiste ce travail de promotion ?
Il n'est pas, comme on a la bonne grâce de
nous le dire, une « simple appropriation » de tous
les modes de raisonnement et d'expression
dont le milieu s'est enrichi. Est-ce donc des
idées et du langage de son temps que se servait
le vieux Xénophane, pour protester contre le
polythéisme avilissant de la Grèce présocrati-
que ? Est-ce dans son milieu social que Platon
a trouvé et cette langue si riche et ces pensées si magnifiquement originales à l'aide
desquelles il a fait la guerre aux dieux de
l'Olympe ? N'était-il qu'un plagiaire habile de

la théologie finissante des Juifs, celui qui a prêché la loi de justice et d'amour et l'a formulée avec assez de force pour entraîner à sa suite la meilleure partie de l'humanité?

On sent d'ailleurs que les sociologues s'arrêtent à mi-chemin dans leur réponse au problème. Ils situent le sauvage dans un milieu social tout fait d'avance, où se trouve une multitude de « représentations dites « collectives ». Les Grecs peuplaient leurs bois de faunes et de satyres, ils plaçaient des nymphes près de leurs fontaines et des naïades le long de leurs rivières. Le sauvage, lui, met des esprits partout, dans l'air, sur la terre, dans les champs, les villages et les maisons : il en est de fixes, il en est d'erratiques ; il en est qui se plaisent à faire du bien, il en est de malfaisants. C'est tout un monde d'êtres surnaturels au milieu duquel il vit et qui lui fait une sorte d'atmosphère « mystique ». D'où viennent ces fictions innombrables ? Quelle en peut être l'origine ? car elles ne sont pas éternelles ; elles ont un acte de naissance. D'affirmer qu'elles sont un produit social, ce n'est rien dire du tout. La collectivité, considérée en elle-même, n'est qu'une abstraction ; elle ne produit que par les unités qui la composent. Reste donc que ces créations ont dû éclore dans le cerveau de quelqu'un ou de quelques-uns ; reste qu'elles soient des inférences rationnelles, des applications analogiques du principe de causalité. Le primitif, comme l'enfant, a quelque connaissance des principes directeurs de la raison et s'en sert pour débrouiller le mystère profond qui l'environne. C'est là que réside le principe de son mysticisme, puisqu'on se plaît à employer ce terme.

La thèse des sociologues n'est donc qu'un roman et de la pire espèce, un roman où les faits sont altérés au détriment de la grandeur naturelle de l'homme. Elle n'est pas faite pour des êtres « qui ont une âme et qui pensent » ; elle ne peut convenir qu'à des crustacés.

Le vrai, c'est ce que l'on disait autrefois ; vrai, c'est le vieux. La Religion vient de l'âme humaine : elle a sa source dans notre raison dont elle satisfait les besoins essentiels ; elle a sa source aussi dans notre cœur auquel la nature ne suffit pas. Elle tient à ce qu'il y a de plus noble et de plus incompressible au dedans de nous. Voilà pourquoi « les plus vils et les plus grossiers des sauvages, aux heures de périls et de tristesse, élèvent leurs mains et leurs pensées vers leur Père qui est aussi le nôtre, vers ce Père qui n'est bien loin d'aucun de nous [1] ».

1. ANDREW LANG, *Mythes, cultes...*, p. 318.

CHAPITRE III

LE MYTHE ET L'IDÉE

Les sauvages ont des concepts d'ordre religieux et très élevés par endroits, comme on l'a déjà vu. Mais, en même temps, leur imagination travaille à se représenter cet « être suprême » dont la raison les oblige à conclure l'indéfectible existence. Ils se créent une mythologie, comme les Grecs, bien que d'une nature parfois très différente : ils ont une infinité de mythes où leur Dieu devient chaire et os, au risque d'y perdre plus ou moins de sa cristalline essence.

I

Mungan-Ngana a un fils qui n'est pas né d'une femme, il est vrai, mais qui fut le premier ancêtre des Kurnaïs [1]. Puluga a toute une famille; il boit et mange; il se met en colère comme un vulgaire Andamanais [2]. Quoiqu'immortel, puissant et bon, « Baiamé assiste à des mystères d'initiation dont il vaut autant ne point parler [3] ». Bunzil a une femme dont il n'a jamais vu le visage. Pour les naturels de la rivière Murray, « c'est un aigle-faucon, doué de facultés humaines et de pouvoirs magiques ». Souvent il a envoyé ses fils pour détruire les mauvais hommes qui avaient tué et mangé des noirs [4]. Le Cagn des Bushmen est encore celui qui « a fait toutes choses », le dieu en même temps qui est « bon et aimable ». Mais ses adorateurs l'ont doté d'une histoire assez singulière et dont voici quelques traits. Il a une femme appelée Coti. Un jour, Coti mit au monde un faon; et Cagn en devint très perplexe. Il voulut savoir ce que c'était que sa progéniture et quel en devait être l'avenir. Tout dieu qu'il fût, il ne trouva pas d'autres

1. A. LANG, The Making..., p. 181.
2. W. SCHMIDT, Die Stellung..., p. 195.
3. A. LANG, *Mythes, cultes et religion*, p. 326.
4. *Ibid.*, p. 321.

moyens, pour se renseigner, que la sorcelle-
rie et les charmes en usage parmi les siens.
Une fille de Cagn a épousé des « serpents
qui étaient aussi des hommes ». Il avait lui-
même une dent qui était un charme souverain ;
toute sa force résidait dans cette dent, comme
celle de Samson dans sa chevelure, et il la
prêtait parfois à ceux qu'il voulait favo-
riser [1].

« Pour les Fans du Gabon, le Soleil et la
Lune, au commencement, étaient mariés : les
étoiles sont leurs enfants ; ils se nourrissent
de feu, et c'est pourquoi ils brillent... Or une
fois la Lune, inconstante, déserta le foyer con-
jugal. Dès que le Soleil s'en aperçut, il entra
dans une si violente colère, que les étoiles
effrayées s'enfuirent de tous côtés dans le
ciel... Et depuis, inlassablement, le Soleil
court éperdu après sa famille. Mais celle-ci,
sitôt qu'elle le voit paraître à l'horizon, se hâte
de se cacher dans les cases d'en haut. Quand
il a parcouru toute la partie du firmament qui
se déroule au-dessus de nos têtes, il passe de
l'autre côté, sans s'arrêter un seul jour. A

1. A. LANG, *Mythes, cultes et religion*, p. 330-331.

peine a-t-il disparu, que vous voyez la Lune se montrer, tantôt ici, tantôt là; car elle change souvent de cachette pour dépister son mari... Le Soleil reparaît-il de l'autre côté de la terre, elle se sauve avec les siens sauf un, toujours le même, qui tantôt le matin, tantôt le soir, reste là pour faire le guet et l'avertir. Et la poursuite continue [1]. »

Bref, il n'est pas de transformation ni d'action, si fantaisiste ou si indigne qu'elle soit, que les sauvages n'aient attribuée à leur « être suprême » : ils lui ont prêté tous les caprices, toutes les passions et tous les crimes dont notre cœur est la cause, le sujet et le théâtre. Leur ciel, qu'habite « L'Ineffable », est en même temps le rendez-vous des faiblesses humaines. L'anthropomorphisme dont ils donnent la preuve, n'a ni mesure ni frein. Singulière antinomie que ce contraste de leurs croyances, mais qui n'autorise nullement les conclusions qu'on en a tirées. Il s'explique, quand on prend la peine d'étudier leur esprit « ondoyant et divers », au lieu de chercher dans leurs mœurs tels ou

1. Mgr A. LEROY, *La Religion des primitifs*, 76-77, Paris, 1909.

tels traits qui soient favorables à nos théories
préconçues.

II

Les mythes nous viennent comme d'eux-
mêmes, lorsque nous pensons à l'auteur suprême des choses, à l'origine, à la destinée
de nos âmes. Et le fait s'explique aisément;
il tient à notre nature. Nous ne sommes pas
des esprits purs; nous avons une imagination;
et, par conséquent, nous cherchons un sym-
bole sensible de ce que la raison conçoit. Les
sens courent après leur pâture quand l'intelligence les dépasse, et travaillent avec d'autant plus d'énergie qu'elle s'élève plus haut.
C'est le motif pour lequel les mystiques font
si grand usage des images; de là vient qu'il
leur faut des « châteaux de l'âme », « des
fontaines d'eau vive », des « déserts » immenses
où ils soient enfin seuls avec Dieu. Il n'est pas
même besoin de recourir à ces poètes de l'invisible pour établir cette loi. Toutes les religions ont leurs mythes, même les plu grandes
et les plus pures. Est-ce que les chrétiens

n'ont pas brodé sur le fond de leurs croyances toute une suite de légendes où la hardiesse de l'invention se double parfois si curieusement d'esprit et d'ironie ? Qu'on lise, pour s'en rendre compte « Les mythes » populaires que Von Oskar Dœhnhardt a publiés à Leipzig, en 1907 [1].

Le besoin du mythe nous est naturel ; mais le sens métaphysique en est toujours plus ou moins inexact, surtout quand il s'agit de l'au-delà et par là même d'un monde dont nous n'avons aucune expérience. Le mythe ne peut avoir qu'un sens analogique. Imaginer et comprendre sont deux choses essentiellement distinctes, irréductibles l'une à l'autre ; et l'on commet une erreur de fond, quand on prend ceci comme le perfectionnement de cela. Imaginer un triangle, par exemple, c'est en percevoir un de telles dimensions et de telle forme, décrit, si l'on veut, sur un tableau noir avec de la craie blanche ; concevoir cette figure, c'est entendre sa définition, c'est en remarquer l'essence ou quiddité. Et de l'une à l'autre de ces deux opérations il n'y a pas passage :

_____

1. *Natursagen, Eine sammlung naturdeutender sagen, märchen, fabeln und legendem.*

l'imagination n'est pas plus faite pour nous donner des concepts que la vue pour nous donner le goût de la truffe. Descartes insiste sur ce point[1]; il est capital pour lui, comme d'ailleurs pour saint Thomas d'Aquin. Leibniz y revient à diverses reprises dans sa polémique contre les matérialistes de son temps, Hobbes et Gassendi. « Ces Messieurs, dit-il dans une lettre à Th. Burnett, veulent se justifier..., en disant qu'on ne saurait concevoir autre chose dans les corps qui sont dans la nature que ce qu'ils ont mis dans leur définition; mais en cela ils commettent une fausse supposition, ou bien ils confondent *concevoir et imaginer*; car il est bien vrai qu'on ne saurait imaginer que ce qui est étendu, mais ils reconnaissent eux-mêmes ailleurs qu'on conçoit des choses qui ne sont pas imaginables[2]. » La distinction de l'image et de l'idée : voilà pour Leibniz, ce qu'il faut bien maintenir, si l'on veut comprendre quelque chose à la connaissance humaine et ne pas s'exposer aux pires erreurs.

1. *Médit.*, P. 112-113 ,201-202, 204-205, éd. J. Simon, Paris.
2. Gerhart, *Op. phil.*, III, 225.

* *
*

De ce rapport du mythe et du concept dérivent deux conséquences qui jettent une vraie lumière sur les croyances des primitifs.

Premièrement, l'élément rationnel et l'élément mythique sont aussi vieux l'un que l'autre, bien qu'ils procèdent de facultés différentes : ils ont la même date d'origine. Le primitif ne débute pas par la pluralité, pour s'élever ensuite et péniblement vers l'unité. Pratiquement, le polythéisme et le monothéisme élémentaire dont nous avons parlé, sont contemporains. Dès que le sauvage commence à s'interroger sur la cause première, sa raison lui en découvre les traits essentiels. Dès ce moment aussi, l'imagination intervient dans cette idée, la prend pour thème; et le mythe apparaît. On peut même dire, pour être plus précis, que c'est à l'élément rationnel qu'il faut attribuer la priorité. Car c'est lui qui constitue l'objet autour duquel l'imagination brode son œuvre; il faut d'abord qu'il lui soit donné. Le mythe est la frange humaine du divin.

En second lieu, du moment que le mythe est une simple image ou bien une série d'images, du moment que son rôle est de représenter l'irreprésentable, il demeure toujours à une distance infinie de l'objet qu'il symbolise. Il a donc de l'espace pour se mouvoir en toute liberté et peut revêtir un nombre incalculable de formes diverses, dont quelques-unes impliquent une dégradation plus ou moins accusée.

*
* *

Il est vrai que ce désaccord du mythe et de l'idée peut aller jusqu'à la contradiction; et c'est ce qui se présente, comme on vient de le voir, dans les croyances des primitifs. Mais ces conflits logiques n'éveillent pas chez eux les mêmes difficultés que chez nous. Aux yeux des primitifs, l'élément mythique n'altère jamais la substance de l'élément rationnel. Le premier peut obnubiler plus ou moins le second; il ne le détruit pas. A travers les métamorphoses souvent étranges qu'elle subit, l'idée de Dieu garde ses traits essentiels : Dieu reste l'être éternel, qui a fait le monde et le conserve, dont la volonté commande le respect du devoir. La légende s'est emparée de « l'être suprême »; elle ne lui a pas créé de rival.

A quoi tient cette singulière cohabitation des contradictoires les plus manifestes dans la conscience du sauvage? C'est ici qu'il importe de noter ce que sa mentalité présente de spécial.

Très souvent, le sauvage ne prend pas même au sérieux les mythes qu'il prête à ses dieux. Il y trouve simplement le charme d'un conte; c'est sa poésie à lui. « Non, en vérité, l'habitant du Gabon ne croit pas que le soleil est *réellement* un homme, la lune *réellement* une femme, les étoiles *réellement* leurs enfants, l'éclair un grand oiseau, le tonnerre un animal, etc. Tout cela se dit sans doute; tout cela, on le chante sur la place du village, ou le soir en dansant près du grand feu. Mais c'est une manière de se divertir. « N'avons-nous pas, nous aussi, nos contes et nos légendes? L'extraordinaire et le merveilleux ne nous intéressent-ils pas toujours? Nos enfants, en nous demandant des « histoires », ne manifestent-ils pas le goût qu'ils en ont et le peu de souci qu'ils attachent à leur authenticité?

Eh bien, le goût des primitifs est tout pareil[1] ».

Il se peut qu'à certains mythes le primitif ajoute plus de valeur; il se peut qu'il les prenne au sens dogmatique. Les vieux Grecs ne croyaient-ils pas à leur Jupiter, à leur Apollon? Mais alors l'irréflexion, si naturelle chez les sauvages, les sauve du danger. Ils ne remarquent pas la contradiction; ou, s'ils la remarquent, leur esprit ne s'arrête pas à démêler par où l'idée admet le mythe et par quels points elle l'exclut. Tout effort de logique un peu soutenu les fatigue et les ennuie. La chasse, la pêche, la danse ont pour eux un charme tout autre et coûtent moins de peine : ce sont des enfants de la nature.

*
* *

Il en irait différemment, au moins à la longue, si le primitif venait à sortir de son demi-sommeil pour entrer dans la voie du progrès. Les esprits n'auraient alors que deux partis à prendre : celui d'épurer la religion popu-

____

1. Mgr LEROY, *Loc. cit.*, p. 77.

laire, ou celui de la nier. Et nous avons, dans l'histoire, deux exemples célèbres de chacune de ces attitudes de la pensée une fois en possession d'elle-même.

Le premier nous est donné par les philosophes grecs. Ils ont tous poursuivi le même but, qui a été de débarrasser la religion populaire des éléments plus ou moins dégradants dont elle s'était enveloppée et comme masquée. C'est manifestement vrai du vieux Xénophane, qui a combattu avec tant de vigueur l'anthropomorphisme de son temps. Ce n'est pas moins vrai du pieux Socrate, de Platon qui allait jusqu'à chasser les poètes de la cité après les avoir couronnés de fleurs. C'est vrai d'Aristote lui-même pour lequel la religion était « le respect de l'acte pur » ou l'adoration, c'est-à-dire ce qu'il y a de plus noble et de plus désintéressé dans les honneurs que l'on rend à Dieu. On en peut dire autant d'Épicure lui-même, bien qu'on l'ait souvent représenté comme un coryphée de l'athéisme. Il admettait l'existence des dieux et il les adorait, bien qu'ils ne fussent pour lui la cause d'aucune espérance ni d'aucune crainte. Il les adorait, parce que tout ce qui est excellent « a droit à la vénération[1] ». Il les adorait aussi, parce que les dieux sont pour nous des modèles auxquels il faut ressembler le plus possible[2]. En pratique, d'ailleurs, Épicure était fort assidu aux temples. La première fois, dit-on, que Dioclès le vit, il s'écria : « Quel spectacle pour moi ! Je ne compris jamais mieux la grandeur de Zeus que depuis que je vois Épicure en prière devant les dieux[3] ».

Le second exemple dont j'ai parlé, est le spectacle d'impiété haineuse que nous présente le XVIII° siècle. Voltaire se lève ; les encyclopédistes forment leur clan ; et le mot d'ordre est de courir sus au christianisme. On peut, si l'on y tient, conserver l'Être suprême, puisque, pour faire une horloge, il faut un horloger. Mais que l'on délivre la terre des prêtres, des moines et du pape qui est leur chef. Que l'on en finisse avec l'Église, cette

1. Cic., *De nat. Deor.*, I, 17.
2. Epic., ap. Diogène, x (*Lettre à Ménécée*, fin).
3. Cette attitude des philosophes grecs est très bien mise en lumière dans l'excellent ouvrage de M. Louis sur *Les doctrines religieuses des philosophes Grecs* (Lethielleux, Paris, 1909). V. en particulier le chapitre intitulé *Le naturalisme d'Épicure*, pp. 167-195.

initiatrice industrieuse, cette protectrice entêtée de toutes les superstitions et de toutes les
mômeries hypocrites ou rapaces. Ironie, sar-
casmes, mensonges, aussi bien que discussions méthodiques et déliées : tout est bon
alors, puisqu'il s'agit de tuer le monstre qui
pourrait à la longue étouffer la raison. Le
point capital, c'est que le progrès soit ; c'est
que la civilisation demeure et poursuive sa
marche.

Telle est, je crois, l'idée qui anime Voltaire
et ses nombreux collaborateurs. Il ne s'agit
plus d'épurer, mais de détruire. Cette attitude
est toute moderne ; elle n'a rien d'hellénique.
Les Grecs, ces enfants de « Minerve aux yeux
bleus », avaient l'esprit trop fin et trop juste,
pour croire qu'il n'y a rien à prendre dans les
données de la conscience populaire.

III

Ce conflit du mythe et de l'idée appelle quelques réflexions sur la manière dont il faut
enseigner le christianisme.

Boileau disait que le christianisme est

hostile à la poésie, et parce qu'il coupe court
au merveilleux, parce qu'on n'y peut plus
faire paraître ni dieux, ni satyres, ni nymphes,
ni naïades. Cette appréciation myope et d'inspiration toute païenne est démentie par la
notion même du christianisme, elle l'est
également par son histoire.

Un Dieu qui se fait homme, un Dieu conçu
par une vierge et né de sa chair, un Dieu
qui meurt, qui descend aux enfers, qui res-
suscite d'entre les morts et remonte au ciel
en dépassant les nuages! Quelle série de ren-
versements des choses! et comme on serait
tenté de n'y voir, à l'exemple de Celse, qu'un
étrange amas de fables, si les faits n'étaient là
pour attester le contraire! Quelle invitation
du moins à penser que, les lois de la nature
n'étant que des « routines divines », le réel
et le merveilleux sont également possibles.
Quelle greffe pour le mythisme! Aussi voit-
on que l'imagination populaire n'a pas man-
qué de broder à sa manière sur ce thème
excellemment fécond. Les Folklores se sont
multipliés autour du dogme chrétien; tous les
saints ont leur légende; et le mythe resplen-
dit à travers les vitraux de nos cathédrales,

ces symboles de pierres de l'éternelle vérité. Le mythe devait éclore au-dessus du berceau de l'enfant-Dieu ; et ce rayonnement de poésie s'est produit avec éclat.

Mais ce goût du merveilleux doit avoir une mesure dans l'enseignement. Il est sans doute défendu de s'y comporter en positiviste ; il n'y a pas de « positivisme chrétien » : ce mot est malheureux. Mais il faut se montrer d'autant plus positif, c'est-à-dire avoir d'autant plus le sens du réel, « par opposition au chimérique », que l'on se trouve sans cesse en face du mystère. Ne rien donner comme vrai qui ne soit dûment établi ou déduit : voilà, me semble-t-il, la première règle à suivre, celle dont il est nécessaire de ne jamais s'écarter, quelque sujet que l'on touche. Autrement, on risque de semer dans les esprits des germes de doute dont l'éclosion peut avoir les plus funestes conséquences. Un abbé venait un jour de faire le catéchisme à des enfants ; il avait parlé de la fameuse « pomme » qui est cause de tous nos maux, en la prenant à la lettre comme au moyen âge. Au sortir de l'église, un de ses jeunes auditeurs lui dit : « Vous croyez cela, Monsieur. — Eh !

oui, répondit l'ecclésiastique. — Oh ! non, reprit le petit, et parce que vous êtes intelligent. » Je causais un jour avec l'un des plus grands penseurs de notre siècle; nous parlions du conflit actuel du christianisme et de la critique; et je lui disais que ceci ne détruira jamais cela. « Je ne sais, me fut-il répondu ; il y a dans le christianisme un mélange indescriptible de mythes et de concepts, et qui remonte jusqu'aux origines; la question, cependant, est de savoir ce qui s'est passé au début. » Voilà l'impression que produit ou peut produire une exégèse trop littérale ou trop fantaisiste.

Il est vrai que, en pareille matière, la juste mesure est difficile à garder, et même souvent à connaître. Voici l'assertion qu'émet le P. Lagrange au cours de sa *Méthode historique :* « Messieurs, que nous le voulions, que nous ne le voulions pas, un immense espace nu s'étend de la création de l'homme au temps d'Abraham. Ce qui s'est passé alors, nous ne le connaîtrons probablement jamais... Il est évident que les premiers chapitres de la Bible ne sont point une histoire de l'humanité, ni même d'une de ses branches, puisqu'on aurait

à peine un fait pour mille ans et qu'on ne saurait où le situer [1] ». Ce jugement me paraît,
un peu trop absolu. Je préfère ce que me
disait un jour l'Abbé de Broglie et ce qu'il a
écrit : « Un Dieu unique, un Dieu qui crée, un
Dieu-providence, une déviation originelle de
la liberté humaine : voilà les éléments d'une
grande philosophie, infiniment supérieure à
tout ce qu'ont dit ou rêvé les anciens ; et voilà
en même temps l'essentiel. Les faits ou la
forme des faits sont choses accessoires et sur
lesquelles il ne faut pas trop inquiéter les
fidèles. *In dubiis libertas.* » Ces paroles sont
d'ailleurs assez conformes à la pensée commune
des Pères, dont il sera toujours permis de s'inspirer. « Au cours des quatre premiers siècles,
pour l'interprétation littérale des six jours, du
Paradis terrestre, de la côte avec laquelle fut
formée Ève, on ne rencontre qu'un représentant
bien ferme, c'est saint Épiphane », mort à peu
près centenaire en 403. Papias, saint Irénée,
saint Justin, Pantène, Clément d'Alexandrie
donnaient à ces récits un sens allégorique [2].

1. P. 216 ; Paris, 1904.
2. Abbé J. MARTIN, *Philon*, p. 41-42, F. Alcan Paris,
(*Collection des Grands Philosophes*).

Toujours est-il que l'on ne doit jamais perdre de vue la devise du Christ : « Hoc est, hoc non est ». L'unique hommage que demande la vérité, c'est de la dire ; c'est aussi le meilleur moyen de la défendre, surtout à notre époque où le sens positif des choses a passé à l'état de catégorie acquise dans la plupart des esprits cultivés. Nous n'en sommes plus, réellement, nous n'en sommes plus aux contemporains des cathédrales gothiques. Une autre génération s'est formée, qui se place sous un autre angle de vision.

CHAPITRE IV

LE RÉVEIL

Le mélange plus ou moins conscient du mythe et de l'idée : voilà le trait distinctif de l'enfant et du primitif. Tout autre est l'état mental du civilisé. Ce qui le caractérise, c'est la poursuite de l'idée claire et par là même la chasse au mythe. Non point qu'il doive être exclu de la cité des sages ; mais on l'y prend pour ce qu'il vaut : il ne relève plus de la science ; il se rattache au domaine de la poésie.

I

A un moment donné, cette purification de l'esprit commence et se fait chez tout individu qui a quelque souci du culte de la pensée.

Pendant notre enfance, nous pensons surtout par les autres; nous vivons d'autorité:
c'est de nos parents, puis de nos maîtres et
du milieu social que nous recevons les idées
où se fondent nos convictions scientifiques,
religieuses, politiques et morales. Nous ne
sommes encore que « des êtres enseignés ».
Mais avec le nombre des printemps, ce savoir
d'emprunt finit par ne plus nous suffire.
« J'ai été nourri aux lettres dès mon enfance,
dit Descartes dans son *Discours sur la méthode;* et, pour ce qu'on me persuadait que
par leur moyen on pouvait acquérir une connaissance claire et assurée de tout ce qui est
utile à la vie, j'avais un extrême désir de les
apprendre. Mais sitôt que j'eus achevé tout ce
cours d'études au bout duquel on a coutume
d'être reçu au rang des doctes, je changeai
entièrement d'opinion, car je me trouvais em-
barrassé de tant de doutes et d'erreurs qu'il
me semblait n'avoir fait autre profit, en tâ-
chant de m'instruire, sinon que j'avais décou-
vert de plus en plus mon ignorance[1]. » Voilà,
dans un degré ou dans l'autre, l'image du

1. P. 3, éd. J. Simon; Paris

travail qui se fait chez le jeune homme, à partir de 16 ou 17 ans. Il compte les pièces de son trésor intellectuel; et, dans son désir de tout vérifier, il n'en trouve presque pas qui portent la bonne marque. Ce travail est d'autant plus intense et plus profond que l'on possède une nature plus vigoureuse et plus riche, qu'on se sent destiné à faire quelque chose. Et, à l'heure actuelle, cet examen d'intelligence offre les plus grands dangers; vu le prestige incroyable dont jouit la science, la rigueur de ses méthodes et l'étonnante fécondité que manifeste leur application; vu surtout la diversité surprenante des croyances religieuses et morales dont notre société donne le spectacle.

Rien n'est vain comme la vérité,

disait le Tentateur à Lazare;

... Sache que c'est un leurre,
Un illusoire amas de songes, confondus
Dans le trouble fiévreux d'une fausse agonie.
Non, Lazare, jamais la tombe n'a rendu
Les êtres dont sa faim se gorge inassouvie.
Les morts sont morts.
... La loi, dont c'est l'ordre éternel,
Est de celles que Dieu ne peut lui-même enfreindre,

C'est l'immuable loi qui règle dans le ciel
La course des soleils qui brûlent sans s'éteindre;
C'est la loi qui soutient par l'impalpable éther
Le navire présent à bord duquel nous sommes,
Et qui fait succéder, sur le globe divers,
Les jours aux nuits, les nuits aux jours, et l'homme
                              [à l'homme;
C'est selon la loi qu'alternent les saisons,
Et que l'on voit sortir de la terre vivace
Les herbes et les fleurs, les fruits et les moissons.
Tout par elle grandit et meurt, et se remplace,
Les morts sont morts.

. . . .

N'est-il pas écrit dans l'un de vos prophètes :
Là-bas, bons ou méchants, tous ont le même sort.
Il n'y a ni bonheur, ni savoir dans ce gouffre;
Un chien, s'il est vivant, vaut mieux qu'un lion mort.
Les morts sont morts [1].

Que reste-t-il donc de tant « de flamme et de fierté » ? Rien.

Rien! voilà donc ton sort, âme altière et régnante,
Voilà ton sort, cœur ivre et brûlant de désir;
Regard! voilà ton sort. Douleur retentissante,
Voilà votre tonnerre et votre long loisir [2].

Mais alors, que vaut donc la vie? Écoutez encore le langage des morts :

1. Louis Mercier, *Lazare le Ressuscité*, p. 83-86, H. Ladranchet, Lyon, 1908.
2. Comtesse de Noailles, *Les vivants et les morts*, p. 319, Paris, 1914.

> ...Vivants, vivants, aimez la vie,
> Si courte; aimez le corps, si fragile: vêtez
> De pourpre et de lin pur la chair, sitôt ravie.
> Hâtez-vous pour la joie et la volupté!
> Soyez ivres de vin et du souffle des femmes :
> Jouissez de vos jours, et goûtez le soleil [1].

Telle est l'idée qui s'éveille chez le jeune homme à l'heure où naît l'esprit critique : elle lui vient tout droit de son siècle, dont elle fait le principal tourment. Il peut avoir assez de force pour échapper à son empire; mais il a parfois le malheur de céder à sa séduction, du moins pour un temps.

Que de fois j'ai vu des jeunes gens monter jusque chez moi, pour me proposer les doutes religieux dont ils souffraient! « Je ne puis oublier ce que je sais, me disaient-ils; or ce que je sais ne s'accorde plus avec la foi de mon enfance, celle que j'ai reçue de ma mère. » Et ils pleuraient. Je comprenais d'autant mieux leurs larmes, elles me paraissaient d'autant plus nobles que je suis un peu de leur famille et que j'ai passé moi-même par une crise analogue. Permettez-moi à cet égard un souvenir personnel.

---

1. Louis Mercier, *eod. loc.*

Quelque temps après mon grand séminaire, au retour d'un séjour assez long que je fis à Rome, surtout pour voir sur le vif l'esprit, les méthodes et la force de ses écoles, je vins à Paris où je ne manquai pas, dans l'ardeur que j'avais de m'instruire, d'assister aux cours les plus célèbres de la Sorbonne. Je vis tomber peu à peu tous les raisonnements sur lesquels se fondaient jusques-là mes convictions religieuses. J'en contractai l'une de ces tristesses profondes qui tiennent aux racines de l'être et pour lesquelles personne n'a de consolation à vous donner. Après les leçons, j'errais au Luxembourg, comme les autres. Mais, pour moi, les arbres n'étaient plus verts, le soleil et leurs fleurs n'avaient plus de charme. Rien ne pouvait me faire perdre de vue la ruine de mon temple intérieur, cet asile toujours inviolé jusqu'alors où j'avais trouvé si souvent la vaillance de vivre et l'ardeur de travailler au bien. J'attendis cependant, avant de prendre aucune résolution, me disant qu'il est raisonnable de ne rien abandonner de ce que l'on croit jusqu'à ce que l'on ait trouvé des preuves positives et nettes de son irréalité : je fis de la morale provisoire, comme le veut Descartes. Et cette prudence me sauva du plus grand péril que j'aie jamais couru. Peu à peu et par suite d'une réflexion tenace, les ruines qui s'étaient faites se redressèrent autour d'une conception plus large du christianisme et qui, depuis cette époque, n'a jamais subi d'ébranlement. Je n'ai gardé de cette épreuve qu'une impression, mais très forte celle-là, c'est qu'il est dangereux d'envoyer le jeune clergé aux cours de l'État, sans lui fournir par ailleurs une autre direction qui redresse les assertions en vogue. Le *Convict Allemand* : voilà, me semble-t-il, la meilleure solution pour la formation supérieure des abbés : ils y prennent contact avec les idées de leur temps, sans courir le grave danger de se fausser plus ou moins l'esprit.

II

Il se produit un développement analogue dans les sociétés; elles ont aussi leur manière de naître, de grandir et de mûrir. Pour s'en rendre compte, que l'on veuille bien jeter un coup d'œil sur les phases successives par lesquelles a passé la civilisation européenne, en France surtout.

Au xvie siècle, la connaissance de la littérature gréco-romaine développe de tous côtés un besoin de liberté dans la recherche que le moyen âge n'a pas connu. Luther, par sa rupture avec Rome, pose le principe de l'examen individuel, en face de celui d'autorité. D'autre part, la scolastique se perd en vaines arguties et devient de plus en plus incapable de diriger le courant de l'opinion. Chacun croit ce qu'il veut. Les uns travaillent à faire revivre Platon : tel Marsile Ficin ; les autres en tiennent surtout pour Aristote, l'Aristote des Grecs, non celui que les théologiens ont plus ou moins transformé. Montaigne, qui a butiné sur toutes les fleurs de l'antiquité, en dégage le scepticisme le plus radical et le plus pénétrant que l'on ait jamais connu : Le « que sais-je » est sa formule familière et représente sa pensée de fond. Ce qui caractérise le xvie siècle, c'est le besoin d'indépendance ; besoin d'autant plus naturel que la connaissance du Nouveau-Monde et des colonies, les récits toujours croissants des voyageurs éveillent l'idée d'une humanité plus vieille et plus vaste, que le moyen âge ignorait, dont la nôtre n'est qu'une petite partie et qui demande une philosophie aux contours plus larges, aux formules plus compréhensives et moins arrêtées.

Au cours du xvii° siècle, ce mouvement est endigué par une pléiade de génies dont la juste mesure est le trait distinctif et qui exercent une influence d'autant plus profonde que le roi a le bon esprit de les entourer de sa protection. Le christianisme garde le haut du pavé et devient comme à la mode. Mais toutes les volontés ne se laissent pas réduire : il s'en faut bien. La preuve, c'est que l'athéisme est une préoccupation pour la plupart des grands écrivains du temps. C'est contre les incrédules que Pascal a écrit les *Pensées ;* et l'on sait avec quelle vigueur il les pousse dans leurs derniers retranchements. Bossuet n'est guère plus tendre pour eux. « Mais qu'ont-ils vu, ces rares génies, s'écrie-t-il dans l'Oraison funèbre d'Anne de Gonzague, qu'ont-ils vu plus que les autres? Quelle ignorance est la leur! et qu'il serait aisé de les confondre, si, faibles et présomptueux, ils ne craignaient d'être instruits! Car pensent-ils avoir mieux vu les difficultés à cause qu'ils y succombent, et que les autres qui les ont vues, les ont méprisées? Ils n'ont rien vu, ils n'entendent rien; ils n'ont pas même de quoi établir le néant auquel ils espèrent après cette vie. » Et cette page, si ferme et si convaincue, est loin d'être la seule où Bossuet proteste contre ces « impies » : ils sont toujours présents à sa pensée. De son côté, Bourdaloue, dans ses sermons, se plait à les accabler sous le poids de sa puissante dialectique. La Bruyère écrit à leur adresse son chapitre *Des Esprits forts*. « Les esprits forts, dit ce moraliste, savent-ils qu'on les appelle ainsi par ironie? Quelle plus grande faiblesse que d'être incertains quel est le principe de son être, de sa vie, de ses sens, de ses connaissances, et quelle en doit être la fin? » Le théâtre lui-même se mêle de la partie : si *Tartuffe* porte contre les dévots du temps, *Don Juan* contient sans nul doute la peinture du « libertin » la plus frappante de vie, de force et de hardiesse que l'on n'ait jamais vue. L'incrédulité, au XVIIe siècle, circule dans tous les rangs de la société, bien qu'elle n'ait pas toujours la hardiesse de s'affirmer au grand soleil; si l'on veut s'en convaincre, on n'a qu'à lire les *Portraits* de Sainte-Beuve, cet esprit si fin au regard duquel rien n'échappe. L'incrédulité, au XVIIe siècle, on la trouve à la cour, on la trouve en ville, on la trouve en province : c'est comme un fleuve souterrain qui monte, monte toujours, affleure au niveau du sol et menace de tout submerger. Elle a d'ailleurs des chefs qui sont de taille à lui donner du prestige : tels sont Hobbes et Spinoza. N'est-ce pas le solitaire de la Haye qui, dans son *Traité théologico-politique* et quelques-unes de ses lettres, a formulé les idées principales qui devaient plus tard diriger Bauer et Strauss dans leurs écrits sur l'exégèse et que la *Vie de Jésus* a fait connaître du monde entier?

Dans cet étrange conflit d'idées, qui devait durer si longtemps, l'unique représentant orthodoxe de l'Écriture qui fasse entendre une note nouvelle, c'est Richard Simon : il veut rompre avec l'exégèse exclusivement littérale, pour sauver la substance du christianisme. Mais cette idée est beaucoup trop précoce pour être comprise ; d'ailleurs, les maladresses de l'auteur, autant que ses hardiesses, ne tardent pas à le faire condamner. Et « l'impiété » continue sa marche en avant, toujours plus active, plus forte et plus hardie.

.·.

Nous touchons au siècle de Voltaire; et il faut caractériser l'œuvre de cet écrivain : elle est considérable et marque une phase importante du sens critique.

Voltaire n'a qu'une métaphysique assez vague; c'est par l'histoire surtout qu'il s'est fait sa place.

Or, il n'y met rien de la sévérité scrupuleuse des érudits de notre temps. Il est « d'une assurance étourdissante ». « Il jongle avec les faits et les textes, écrit M. G. Lanson. On ne finirait pas de faire le compte de ses légèretés, de ses bévues, de ses inexactitudes, de ses fantaisies... il travaille trop vite, il juge d'un coup d'œil et tranche avec plus d'autorité que de compétence. Il est pétri de préjugés et de passions. C'est un amateur et un journaliste[1]. »

1. G. LANSON, *Voltaire*, p. 163, Hachette, Paris, 1910 (*Les Grands écrivains français*). Ce livre est peut-être le plus objectif de ceux que les penseurs libres ont écrit

« Mais il est curieux, il est intelligent, il a l'intuition des problèmes à poser[1]. »

Ce qui l'horripile surtout, ce qui l'exaspère et met en veine son ironie satanique, c'est Dom Calmet. Voulez-vous comprendre la critique religieuse de Voltaire ? Lisez ce commentateur littéral, ou presque toujours, du texte biblique ; le ridicule dont Voltaire couvrit l'Ancien Testament, vient presque tout entier de là.

On voulait également qu'il n'y eût que du divin dans l'Évangile. Voltaire y fait sentir ce qu'il appelle « les racontars » de gens du peuple illettrés, crédules et qui voient toutes choses sous la catégorie du miracle.

Et, quand il touche à ces matières, sa verve ne connaît plus de mesure : il n'y a rien de si haineux, de si grotesque et de si polisson qui arrête le cours de sa plume. C'est qu'ici toutes les armes sont bonnes. Ne s'agit-il pas du « parti » des prêtres et des moines ? Est-ce que la question n'est point de détruire l'Église, cette éternelle et perfide ennemie de la raison,

sur Voltaire. L'auteur y fait un véritable effort pour mettre les choses au point.

1. G. LANSON, *Voltaire*

cette cruelle endormeuse des initiatives les plus nobles et les plus utiles? Et là se révèle le fond de la pensée de Voltaire. Comme Leibniz, il voit dans l'Église Romaine un principe d'universel immobilisme.

Ce n'est pas que tout soit vain dans l'énorme littérature de cet homme. Il a le mérite « d'avoir compris qu'il n'y a pas d'histoire, surtout d'histoire ancienne, sans critique, critique des témoignages, critique des documents, discussions de date et d'authenticité des textes... il veut qu'on aille aux sources [1] », persuadé que les traditions orales s'altèrent vite et qu'il ne faut se fier qu'aux contemporains des événements. Et si la chose n'était pas neuve, il importait du moins de la redire, même après Leibniz et Bossuet.

Cette conception de l'histoire est d'ailleurs l'idée qui le dirige dans ses critiques sur la Bible. Il est convaincu que l'histoire religieuse se fait par les mêmes méthodes que la profane, qu'on s'y trouve en présence de difficultés analogues, des mêmes incertitudes, des mêmes causes d'erreur, accrues de tout ce que

1. G. LANSON, *loc. cit.*, p. 168.

l'autorité peut mettre d'obstacles aux problèmes posés.

Pendant que se poursuit cette campagne pleine de haine, mais où ne manque pas le sens des besoins à satisfaire, quelle attitude prend-on dans l'Église? Les évêques publient des mandements dans lesquels ils gémissent sur les erreurs du siècle. Au fond des séminaires, on s'attarde à moudre des syllogismes qui n'atteignent personne. L'abbé de Guénée est seul à lutter contre l'inlassable novateur. Mais, s'il triomphe d'ordinaire sur les minuties de l'érudition, il n'apporte aucune idée de fond qui le puisse libérer de l'interprétation littérale : il y demeure encloué.

Voltaire continue son œuvre et, sans répit, il écrit, écrit encore, fait de plus en plus l'éducation du public et finit par s'en rendre maître. Son influence d'ailleurs n'est pas de celles qui doivent être passagères. Il reste le modèle dont s'inspireront Herder, Niebuhr, et chez nous Michelet et Quinet. Même à l'heure actuelle, son esprit circule un peu partout : il y a une foule de gens dont il est l'idole.

« Dors-tu content, Voltaire; et ton hideux sourire
« Voltige-t-il encore sur tes os décharnés? »

.˙.

Au dix-neuvième siècle, la lutte de l'élément rationnel contre le mythisme se poursuit et sans relâche. Mais elle ne tarde pas à revêtir un autre caractère : la méthode devient toujours plus scientifique. Il ne s'agit pas de triompher par le mensonge et l'ironie; on cherche en toute indépendance, on observe les faits; et l'on tire les conclusions qui s'en dégagent. L'objectivité dans la sérénité : tel est l'idéal qui tend à se créer. Il n'est pas toujours observé, il est vrai; il arrive même souvent que les écrivains qui ont tout l'air de le respecter et qui s'en vantent, sont ceux qui l'offensent le plus. Voltaire est encore là, sans qu'on le nomme, même lorsqu'on va, comme le fait Renan, jusqu'à critiquer sévèrement sa méthode. Il se fait pourtant un effort très noble, magnifique, unique dans les Annales de l'humanité, du moins autant qu'on en connaît l'histoire. J'essaie d'en esquisser les traits dominants.

Nul siècle, peut-être, n'a remué autant d'idées que le nôtre; nul siècle ne s'est attaché avec autant de passion, non seulement à découvrir les lois de la nature, mais encore à déchiffrer l'énigme de notre origine et de notre destinée. On a mis à contribution toutes les bibliothèques de l'Europe; on a interrogé tour à tour les papyrus de l'Inde, les tombeaux de l'Égypte et les briques de l'Assyrie. On est descendu dans le sein de la terre pour y discerner les lois de sa formation; sur tous les points de la planète se sont élevés des laboratoires, en vue de définir les phases que traverse la vie dans son développement. Parallèlement à ce labeur d'ordre expérimental, s'est produit un mouvement philosophique non moins persévérant : on a vu paraître toute une suite de génies qui, poussés par le désir irrésistible du meilleur, ont dépensé leur énergie à scruter les lois de notre esprit et les bases de nos croyances. C'est une sorte d'enquête œcuménique que l'on a faite en notre temps. Et de là sont sorties des conséquences inattendues. L'histoire, l'exégèse, les conceptions philosophiques elles-mêmes : tout a été plus ou moins profondément transformé.

L'exégèse ! J'insiste sur ce point qui touche

plus intimement à nos convictions religieuses. Les recherches dont j'ai parlé, ont fait sentir plus vivement le besoin de renoncer à l'interprétation purement littérale des saintes Écritures. Richard Simon se trouve de n'avoir pas tout à fait tort contre Dom Calmet, au moins pour le fond de sa pensée. La chose est comprise et a déjà suscité dans nos rangs de généreuses initiatives. Je cite celle de l'École de Jérusalem, représentée surtout par le P. Lagrange. La *Méthode historique*, bien que discutable en certains points, contient tout un groupe d'idées libératrices. Il est vrai que l'éminent dominicain n'a pas, comme on le pourrait croire à la première lecture, le mérite de les avoir toutes découvertes. On les trouve en grande partie dans les études de l'abbé de Broglie, particulièrement dans son livre sur les *Religions comparées* et dans les *Questions Bibliques*, œuvre posthume que j'ai moi-même publiée sur le désir du prince Emmanuel de Broglie. L'abbé de Broglie, ce vigoureux penseur, toujours à l'affût des idées qui peuvent être utiles : voilà, j'ose le dire, le véritable ancêtre de l'exégèse catholique qui a pris cours.

Je ne sais si j'ai réussi à mettre en lumière ce que j'avais dans l'intention. J'ai voulu montrer qu'il y a, dans le développement des idées, une logique fondamentale que rien n'arrête pour de bon. De Copernic jusqu'à nous, c'est la même œuvre qui se poursuit, bien que sous des formes très diverses : il s'agit du triomphe de la raison sur l'imagination, du concept sur l'élément mythique de la pensée.

CHAPITRE V

LA MARCHE EN AVANT

Cette marche de la pensée a ses lois, d'où l'on peut dévier, d'où l'on dévie souvent, mais auxquelles on est toujours ramené une fois ou l'autre par la nécessité des choses. Ce sont ces lois que je voudrais esquisser devant vous. Elles nous feront mieux sentir pourquoi la chasse aux mythes présente un caractère si tenace.

I

La première de ces lois est d'observer. Il faut d'abord bien voir les faits : il faut discerner en toute sincérité leurs caractères et leurs proportions. Et le moyen d'y réussir pleinement, c'est d'acquérir par une longue expérience le sens de la spécialité dont ils relèvent. Il y a le don du psychologue, le don de l'historien, celui du critique et celui du politique; et, comme l'ont bien vu les tenants de l'intuition, chacun d'eux ne s'élève à son point de maturité que par une patiente habitude des phénomènes qui sont de son ressort.

Ce n'est pas que l'observation soit tout. Elle n'épuise pas son objet. « Sympathiser avec les choses », dit M. Bergson, « s'insérer dans les objets », les voir du dedans et d'un regard tout virginal, en mettant de côté toute idée préconçue, et même toute idée, quelle qu'elle soit; pratiquer constamment l'intuition : voilà notre unique moyen de connaître le réel. Cette nouvelle manière d'interroger les faits ne présente encore aucun sens réel, vu les conditions actuelles de l'humanité; et il est bien probable que, dans l'avenir, elle ne dépassera pas la valeur d'une hypothèse toute romantique. Quoique nous connaissions, même du dedans, c'est toujours du dehors que nous le connaissons : notre mode de percevoir n'est pas exhaustif, mais épidermique. Je ne perçois de l'étendue que des points, des lignes et des surfaces : je n'en saisis que des limites.

N'est ce pas la raison pour laquelle personne, même un Leibniz, n'a jamais pu donner une notion satisfaisante de ces divers éléments ?

On en peut dire autant des phénomènes intérieurs, bien que la chose ne soit pas conforme aux apparences. Ici, le sujet qui voit est bien dans l'objet qui est vu. Mais la partie éclairée ne le devient qu'à demi; et l'on y devine des profondeurs que l'on atteint de quelque manière que par le raisonnement. Nous n'avons de nous-mêmes, dit Malebranche, que le sentiment et non la claire vue. Ces paroles demeurent comme la juste expression de la vérité psychologique.

De quelque manière que nous interrogions la nature, en nous ou bien en dehors de nous, sa réplique est toujours la même. Elle nous présente le dessus du calice; elle s'en réserve le fond : c'est l'impénétrable.

Mais, si l'observation n'enveloppe pas tout le savoir, elle en fournit du moins le commencement. Et M. Bergson a eu raison de mettre l'accent sur ce point de départ : on en peut juger par les hardiesses idéologiques de certains intellectualistes, de Green, de Royce et de Cary[1], par exemple. Avant de donner libre essor aux ailes de la pensée, il faut faire un examen méthodique et patient de l'objet dont il s'agit de fournir l'interprétation. C'est nécessaire dans les sciences positives ; c'est plus nécessaire encore en métaphysique ; vu la complexité de son objet et l'éloignement du terme que l'on y poursuit ; vu aussi l'impossibilité où l'on se trouve, sur cet autre domaine, de recourir à toute vérification d'ordre expérimental.

II

L'intelligence ne se borne pas à constater des faits ; son effort principal consiste à les généraliser, à dégager les lois invariables auxquelles ils obéissent. C'est à cette condition seulement qu'elle domine le chaos des phénomènes, qu'elle leur imprime une forme scientifique ; par là même, c'est à cette condition seulement qu'elle réussit à *savoir pour prévoir* : ce qui est, au regard d'A. Comte, le signe distinctif de l'esprit positif[2].

1. WILLIAM JAMES, *Pragmatism*, 23-39, Longmans, London, 1907.
2. *Discours sur l'esprit positif*, 25, Paris, 1908.

Or, cette transformation est complexe, beaucoup plus complexe qu'on ne le pense d'ordinaire.

*
* *

Toute loi se compose d'idées générales. Qu'est-ce d'abord que la généralité ?

Stuart Mill nous répond que la généralité n'est au fond qu'un trait commun à un nombre de faits aussi grand que l'on voudra ; et que, pour l'obtenir, c'est assez de remarquer que tel caractère déjà noté dans un phénomène se présente également dans d'autres. A son sens, généraliser, c'est tout simplement passer du semblable au semblable.

Très ingénieuse, cette explication n'a pourtant qu'une apparence de valeur. Qu'est-ce qui nous autorise à dépasser le nombre des cas déjà observés ? Où prenons-nous le droit d'affirmer que, lorsqu'un fait s'est une fois produit, il peut tout aussi bien se produire une autre fois ? Et, quand nous avons constaté qu'il s'est produit à différentes reprises, qu'est-ce qui nous assure qu'il peut encore avoir lieu ? Bref, sur quoi nous fondons-nous pour affirmer que l'existence d'une chose peut toujours se répéter? Un fait, c'est un fait et rien de plus : on le constate ; et c'est tout, aussi longtemps du moins qu'on ne l'interroge qu'à la lumière de la perception sensible.

Cette lacune essentielle de l'empirisme anglais, M. Poincaré l'a fort bien notée dans son analyse du « raisonnement par récurrence ». « Ce que l'expérience pourrait nous apprendre, dit-il, c'est que la règle est vraie pour les dix, pour les cent premiers nombres par exemple ; elle ne peut atteindre la suite indéfinie des nombres, mais seulement une portion plus ou moins longue et toujours limitée de cette suite[1]. »

Quelle est donc la solution du problème? Pour la découvrir, il faut regarder à l'activité d'un ordre tout spécial qui constitue notre intelligence. Elle tient à ce que, comme l'a également vu H. Poincaré, notre « esprit se sent capable de concevoir la répétition indéfinie d'un même acte dès que cet acte est une fois possible[2] ». La possibilité du fait, dégagée du fait lui-même par une vue de l'esprit :

1. *La science et l'hypothèse*, p. 23, Paris, 1907.
2. In., *eod. loc.*, 23-24.

voilà ce qui nous permet d'avancer au delà du donné; telle est la muse inspiratrice qui, même lorsqu'on en nie la présence, nous suggère à chaque instant qu'il reste encore quelque chose à découvrir. Otez cette faculté d'anticipation; et notre intelligence ne peut que tomber à plat, comme un levier dont le ressort vient de se rompre.

Le possible n'est donc ni un souffle d'air, ni une sensation, ni un fragment de sensation; vu que, par nature, il dépasse infiniment la zone des existences. C'est un produit de l'entendement : il vient de la pénétration de l'esprit dans l'essence du concret, considérée en elle-même, indépendamment des circonstances de matière, de temps et de lieu qui la conditionnent. Le possible ne saurait être que le résultat d'une abstraction. La puissance d'abstraire, voilà le fond de l'esprit; voilà par là même, la source unique de tout concept.

Ne demandez donc pas aux sens ou à l'imagination de vous représenter un concept. Les sens et l'imagination ne sont pas plus faits pour percevoir ce produit de la pensée pure que vos yeux pour connaître du parfum des tulipes. Comme l'a fort bien remarqué Descartes, le concept répond seulement à cette question, *qu'est-ce que c'est*; il y faut voir « une remarque de l'esprit » qui porte uniquement sur la nature des faits et qui, par là même, en sous-entend toutes les conditions individuelles[1]. Logiquement séparé de l'image par la force de l'esprit, le concept ne se laisse plus ni voir ni toucher ni même imaginer : c'est de l'irreprésentable. L'intelligence en est l'unique créatrice, et de son œuvre elle garde le monopole.

⁎⁎

Mais il n'y a là qu'un aspect de la question. Une loi est un rapport invariable entre deux termes. Sur quoi se fonde cette invariabilité ?

Il n'y a pas de concepts, continue Stuart Mill en exposant son système essentiellement anglais; il n'existe que des images. Mais ces images ne demeurent pas isolées, comme les oiseaux sauvages dont parle Platon ; elles s'agglutinent les unes aux autres, elles se soudent plus ou moins solidement : c'est un fait d'expérience.

1. 6ᵉ *Méd.*, p. 112-113, éd. J. Simon; Cf. *ibid.*, 3ᵉ *Obj. et rép.*, p. 201.

Parmi les associations qu'elles forment de cette manière, il en est de « séparables », celles, par exemple, qui se heurtent à des « associations contradictoires ». Soit une pierre qui s'enfonce dans l'eau ; « nous ne l'avons jamais vue surnager, et pourtant rien ne nous empêche de concevoir qu'elle surnage ». Pourquoi ? c'est que nous voyons d'autres corps qui, bien que soumis à la même loi, ne laissent pas de rester en suspension ou de monter en l'air » : ainsi font les fameux Zeppelins.

Il est d'autres associations dont la nature est telle qu'il suffit que le premier terme soit donné pour que le second apparaisse : il est des associations *inconditionnelles*. Et ce sont celles-là qui fondent l'induction : tel est, par exemple, la séquence du soleil et du jour[1].

Mais il est manifeste que cette voie logique ne mène pas à la gare *terminus*. A quoi tient l'inconditionnalité dont on nous parle, ce terme magique dont la fortune a été si grande ? Si l'antécédent et le conséquent sont simplement

1. STUART MILL, *La philosophie de Hamilton*, p. 317, Paris, 1869 ; ID., *Système de logique*, II, p. 437 et sqq., Paris, 1909.

accolés l'un à l'autre, le divorce reste toujours possible, et même dans le coin du monde que nous habitons : leur liaison ne fonde qu'une vérité de fait; elle n'a rien d'absolu. Qu'est-ce donc au juste que leur point d'attache? Il faut de rigueur qu'il y ait entre eux une exigence telle que l'un ne puisse être que l'autre ne soit. Induire, c'est passer d'un concept donné à un autre qui ne l'est pas, et par une marque essentielle qu'enveloppe le premier : « la consécution des images » ne mène à rien; l'induction, comme l'a bien vu Leibniz, est une espèce de déduction.

Mais nous touchons ici au levier même de l'intelligence, qui est la « connexion des idées »; et la question mérite que l'on s'y arrête.

III

Connaître les faits et leurs lois, est-ce donc véritablement tout le rôle de notre pensée? Kant l'a soutenu dans la *Critique de la raison pure*, en fondant son idée sur une patiente et profonde analyse de la connaissance humaine. Plus tard, la même réponse paraît chez

Mansel, Harbert Spencer, Comte, Littré. Elle se répand et domine partout. Le positivisme est l'erreur capitale de notre siècle.

Inutile par conséquent, s'il faut en croire cette doctrine, de nous demander ce que c'est que la matière, ce que c'est que l'âme, ce que c'est que Dieu, et même s'il existe. Ce sont là des problèmes que nous nous poserons toujours en vertu des aspirations de notre volonté, mais que nous ne résoudrons jamais. *Connaître*, comme le dit Mansel, c'est *conditionner*, et sans que nous puissions savoir jusqu'où vont ces conditions, c'est-à-dire ce que nous mettons de nous-mêmes dans l'objet : de telle sorte que nos raisonnements, si haut que nous en élevions l'échafaudage, sont toujours des constructions qui n'ont de valeur que pour nous.

A l'heure actuelle, l'étoile de cette doctrine a un peu baissé à l'horizon; mais elle a laissé dans les esprits une habitude de voir et de comprendre qui, comme un venin caché, sévit encore chez les meilleurs. Qu'est-ce, par exemple, que le modernisme philosophique si justement condamné par Pie X? sinon une irradiation du Kantisme dans le dogme chrétien. C'est la remarque que me faisait un jour l'un

des plus profonds penseurs de notre temps :
« Enfin, disait-il, le cyclone de Kant a incliné
les épis du Seigneur. »

Il est donc nécessaire, je ne dis pas de réfuter Kant : il ne faut réfuter personne ; on ne
fait par là que fragmenter les principes dont il
s'agit de montrer la valeur. Il est nécessaire
de rétablir, à la lumière de la psychologie, la
vraie solution du problème que Kant a si profondément creusé.

Un point que personne n'a jamais mis en
doute, c'est la règle fondamentale de la méthode cartésienne, à savoir que l'évidence ne
trompe pas. Prenons cette règle pour point de
départ et voyons où elle nous conduit.

Si loin qu'on pousse le domaine du relativisme, on ne peut tout y comprendre ; il reste
toujours une barrière à laquelle il faut s'arrêter : ce sont les phénomènes du moi.

Supposons que nos représentations mentales
n'aient ni prototype ni fondement dans les
choses, qu'elles ne nous révèlent la réalité

d'aucun au-delà. Supposons que nos représentations mentales contiennent toujours deux pièces d'origine diverse : l'une qui vient du sujet pensant, l'autre de la matière pensée. Imaginons pour un instant que nous ne puissions que nous apparaître. Il ne reste pas moins vrai qu'il se produit un moment où l'acte de la connaissance se dédouble en deux termes bien distincts : ce qui perçoit et ce qui est perçu. Il se produit toujours un dernier site d'où la conscience ne mêle plus ses formes à ce qu'elle voit et par conséquent le voit tel qu'il est. En fin de compte, la parole de Bossuet reprend sa justesse : « Ce ne sont pas nos connaissances qui font les objets, elles les supposent. »

Ainsi, considéré à sa dernière étape et en lui-même, c'est-à-dire indépendamment de tout objet auquel il se rapporte, le phénomène est un absolu.

Voilà le premier fait. Et il en entraîne tout de suite un autre.

Nous constatons, en nous-mêmes, un certain ensemble d'idées dont la connexion nous apparaît comme nécessaire : telles sont celles qui constituent la logique et celles qui constituent la géométrie. C'est donc que cette connexion existe telle qu'elle nous apparaît ; c'est que ce lien ne saurait manquer. Et ce second fait, Kant l'a reconnu, tout aussi bien que Leibniz.

.˙.

Mais qu'est-ce que ce lien des vérités nécessaires ? Vient-il de la pensée ou des choses que nous pensons ? Là se trouve le point vif du problème. Dans le premier cas, comme la pensée peut changer, la vérité qui dépend de sa structure peut changer également : elle est relative. Par suite, on peut concevoir, ainsi que le dit quelque part Stuart Mill, un monde où les principes de causalité et d'identité ne compteraient pour rien. Dans le second cas, la vérité est un rapport qui ne dépend que des objets ; et, par conséquent, elle reste immuable : la dogmatique traditionnelle reparaît. La tâche est donc de choisir entre ces deux termes ; car il est impossible ici de « prendre les deux à la fois », comme les enfants dont parle Platon. Mais pour savoir à quoi s'en tenir, il suffit encore d'examiner la question à la lumière des données immédiates de la conscience.

..

Comment déduit-on sur le domaine du nécessaire? Comment y passe-t-on d'un terme présent à d'autres termes qui ne le sont pas encore? Sur quoi se fonde ce progrès si familier à notre esprit? C'est que chaque idée déjà connue porte en elle-même une marque spéciale en vertu de laquelle elle en appelle d'autres; c'est que chaque idée déjà connue présente une insuffisance essentielle à s'expliquer toute seule; c'est que chaque idée déjà connue contient une exigence radicale qui fait qu'elle ne peut être sans que d'autres choses ne soient. Voyez, par exemple, comment on procède dans l'analyse du triangle. On ne possède au premier abord que l'idée de l'intersection de trois lignes. Cette idée une fois donnée, on en conclut que le triangle renferme une certaine partie d'espace, qu'il contient trois angles, que ces trois angles sont égaux à deux droits, etc... Pourquoi cette théorie de corollaires? C'est que chaque vérité qui précède ne peut être que la suivante ne soit. L'insuffisance essentielle : voilà le nerf de toute déduction.

Si l'on n'y tourne pas sur place comme un derviche, si l'on y passe sans cesse du même à l'autre, c'est par le même. Otez cette condition : nous sommes tous condamnés à dire, comme le prophète Jérémie : « Ah ! ah ! »; et à la différence du prophète, nous le sommes pour toujours. Ou si l'on veut une autre comparaison, notre sort est celui du logicien dont parle Locke, qui était réduit à dire : une huître est une huître, etc... Ce qui sans doute doit être pour l'esprit un aliment fort peu substantiel.

De là, trois conclusions libératrices :

1° Le lien logique ne vient pas de la pensée, mais des objets que l'on pense;

2° Le lien logique est une insuffisance essentielle qui se révèle dans le premier terme de la proposition examinée et qui nous permet de conclure l'autre;

3° L'insuffisance essentielle vaut également, qu'il s'agisse du dedans ou du dehors, qu'il soit question de passer de phénomènes à phénomènes ou des phénomènes à l'au-delà; car il suffit qu'elle soit donnée pour que sa conséquence le soit aussi.

Dès lors, il faut de toute rigueur revenir à l'idée dominante de la tradition philosophique. Il faut reconnaître la valeur métaphysique de l'esprit humain.

D'abord, du moment que la nécessité tient à la nature des objets que nous concevons, non à la nature de l'acte par lequel nous les concevons, il est démontré que la suite des propositions qui portent cette marque ne peut subir ni suppression ni changement. Soit une vérité nécessaire quelconque : dès que le sujet en est posé, son prédicat l'est du même coup. Il l'est en vertu d'une exigence essentielle ; il ne peut pas ne pas l'être. Et cette condition suffit. Par suite, cette vérité ne varie ni avec le temps ni avec l'espace où elle est conçue, ni même, n'en déplaise à Kant, avec l'esprit qui la conçoit. Elle est essentiellement nécessaire et de ce chef essentiellement universelle.

C'est là un point que Bossuet a bien mis en lumière dans son magnifique *Traité de la connaissance de Dieu et de soi-même* ; et par là il a dépassé Kant, bien avant qu'il n'y eût un Kant.

« Pour entendre la nature et les propriétés des choses que je connais, par exemple, ou d'un triangle ou d'un carré, ou d'un cercle, ou les proportions de ces figures et de toutes autres figures entre elles, je n'ai pas besoin de savoir qu'il y en ait de telles dans la nature, et je suis assuré de n'en avoir jamais tracé ni vu de parfaites. Je n'ai pas besoin non plus de songer qu'il y ait quelques mouvements dans le monde pour entendre la nature du mouvement même, ou celle des lignes que chaque mouvement décrit, les suites de ce mouvement et les proportions selon lesquelles il augmente ou diminue dans les graves et les choses jetées. Dès que l'idée de ces choses s'est une fois réveillée dans mon esprit, je connais que, soit qu'elles soient ou ne soient pas actuellement, c'est ainsi qu'elles doivent être, et qu'il est impossible qu'elles soient d'une autre nature ou se fassent d'une autre façon... Toutes ces vérités, et toutes celles que j'en déduis par un raisonnement certain, subsistent indépendamment de tous les temps : en quelque temps que je mette un entendement humain, il les connaîtra ; mais en les connaissant, il les trouvera vérités ; il ne les fera pas telles, car ce ne sont pas nos connaissances qui font leurs objets, elles les supposent. Ainsi ces vérités subsistent devant tous les siècles, et devant qu'il y ait eu un entendement humain : et quand tout ce qui se fait par les règles des proportions, c'est-à-dire tout ce que je vois dans la nature, serait détruit, excepté moi, ces règles se conserveraient dans ma pensée ; et je verrais clairement qu'elles seraient toujours bonnes et toujours véritables, quand moi-même je serais détruit, et quand il n'y aurait personne qui fût capable de les comprendre [1]. »

La valeur formelle de la raison est absolue, et sa valeur réelle l'est également.

Le mouvement existe ; de plus, le mouvement se développe dans l'ordre ; d'autre part, nous avons tous une certaine connaissance de l'intelligible : voilà trois faits dominants. Or chacun d'eux porte une marque d'insuffisance

1. 72-73, 212-213, Ed. J. Simon, Paris.

essentielle en vertu de laquelle il appelle autre chose.

Le mouvement existe, et à chaque instant il est un commencement. Or tout commencement est impuissant à s'expliquer tout 'seul ; et, par suite, tout commencement suppose une cause efficiente.

L'ordre existe, et il est contingent. Donc il est impuissant à s'expliquer par la cause efficiente toute seule ; il y faut ajouter l'action de la cause finale, c'est-à-dire de l'intelligence.

Les intelligibles sont immuables ; donc ils dépassent tout devenir : il faut de quelque manière remonter jusqu'à Dieu pour en trouver le dernier fondement. C'est ce qu'a vu Leibniz. Mais sa façon d'interpréter la chose ne paraît pas logique de tous points. Il veut que les possibles soient comme des accidents qui trouvent en Dieu leur dernier sujet d'inhérence. Pourquoi donc, puisqu'ils ne sont pas éternels d'emprunt, mais par eux-mêmes ? La vraie solution, c'est que les intelligibles, considérés dans leur principe ultime, sont eux-mêmes l'acte plein du possible, acte éternel et premier dont la nature n'est, comme le disait Platon, que l'imparfaite et mobile image.

Voilà donc la porte largement ouverte à cette matrone si longtemps couverte de mépris, qu'on appelle la métaphysique. Toujours invisiblement présente chez ceux qui travaillaient à la bannir, elle réussit en fin de compte à faire reconnaître son éternelle autorité. Nous avons un moyen d'atteindre ce qui n'est pas donné et même ce qui ne peut l'être. Nous avons un moyen d'acquérir des connaissances vraies sur ce qui ne tombe pas dans le domaine de l'intuition. Grâce à ces marques d'insuffisance essentielle que présentent les phénomènes, nous pouvons tirer des conclusions dont la portée dépasse leurs frontières. L'au-delà ne nous est pas fermé.

Océan sans borne, a-t-on dit naguère, océan qui vient sans cesse battre à nos portes, mais pour lequel nous n'avons ni barques ni voiles ! Cette métaphore ne vaut que pour ceux qui n'ont pas vu le fond de l'esprit humain et sa manière naturelle de procéder. Nous avons une barque : c'est la raison. Nous avons des voiles : ce sont les exigences essentielles des choses. Et ces voiles, souples comme la vie, sont plus « fortes que le diamant ».

CHAPITRE VI

LES DANGERS

Si l'on suivait toujours les méthodes que doit employer l'intelligence dans la poursuite de la vérité, l'erreur n'existerait pas. Chacun serait perpétuellement sûr de ce qu'il avance. De plus et par là même, nul ne serait tenté de dépasser les limites de son propre esprit : ce qui ne se présente pas toujours, il s'en faut beaucoup, même chez les penseurs les plus heureusement doués. J'insiste sur ce point, qui a son importance.

I

N'est-ce pas de quelques-unes de ses dernières pièces que Corneille faisait le plus grand cas ? Je me souviens aussi d'un grand artiste du second Empire, Jean-Dominique Ingres. Il faisait des croquis superbes, admirables de naturel et de vigueur; mais, en même temps, il avait la prétention d'être un excellent violoniste. On venait voir ses chefs-d'œuvre; il recevait avec bonne grâce ces visites flatteuses. Mais, la collection une fois parcourue et rapidement, il ajoutait tout d'un coup : « Attendez, vous n'avez encore rien vu ». Puis, il allait chercher son instrument favori et se mettait à racler. C'était à faire fuir les moins difficiles. On sortait en grommelant quelques félicitations, assaisonnées du plus malicieux sourire. F. Brunetière, le célèbre conférencier, avait un travers analogue. Ce fier dogmatiste ne redoutait rien. Il demandait quinze jours pour réfuter Renan; il n'en fallait pas plus à ce profane en exégèse, pour voir le fond d'une œuvre où l'auteur avait pâli des années entières, lisant de vieux livres, déchiffrant des parchemins, organisant peu à peu sa pensée assez fluide, mais très fine. C'est avec la même assurance que le jouteur bien connu se jetait à l'occasion dans le domaine de la philosophie qu'il n'avait pas étudiée. N'a-t-il pas écrit un petit livre sur *l'u-*

tilisation du positivisme, dont la doctrine naïvement empruntée à Comte est faite tout simplement, non pour défendre le christianisme, mais pour en ruiner les bases rationnelles ? M. Faguet lui-même, cet esprit si judicieux, si délié et si fin, n'a pas toujours résisté au désir de parler de ce que l'on n'entend pas bien. Sans doute, ses *dix commandements* reproduisent encore les qualités supérieures que tout le monde s'accorde à lui reconnaître. Mais comme on sent qu'il est sorti de sa spécialité ! L'analyse des idées est superficielle, incomplète, par là même illogique en maint endroit ; aussi quelle désolante conclusion que celle de tout ce travail ! Rien n'est terrible comme un littérateur qui se met à philosopher, sinon peut-être un mathématicien qui, d'emblée, tourne le dos à son tableau noir pour crier à son public : « Avez-vous lu Baruch ? »

Qu'est-ce qu'un dogme ? voilà un article qui est venu tout d'un coup troubler le monde chrétien ; il y a produit l'effet d'un obus lancé d'un aéroplane ou d'un zeppelin. Que contient-il donc de si surprenant ? Rien, en somme, qui résiste à l'examen. La gratuité des assertions théologiques que l'auteur jette à ses lecteurs étourdis de tant d'audace, n'a d'égale que son incompétence en histoire de la philosophie. Encore la sent-on plus encore qu'elle n'est affirmée. Quel dogmatisme débridé, dans ce négateur de tout dogme ! Vraiment, je regrette que la philosophie n'ait pas une langue à elle, comme les mathématiques ; elle y éviterait bien des profanations. Leibniz, ainsi qu'on le sait, avait eu l'idée d'une *algèbre des pensées humaines*, où les problèmes philosophiques se seraient traités comme les autres, *Modo calculi*. Il est malheureux qu'il n'ait pas réussi dans son projet. Ce serait le vrai moyen de tenir les esprits téméraires au seuil du temple de la sagesse. J'estime que rien n'est plus difficile ni plus long que l'éducation métaphysique. C'était d'ailleurs le sentiment de Platon lui-même.

Le chemin de l'intelligence n'est donc pas une route en plaine, où l'on n'a qu'à marcher devant soi ; l'on y trouve de longs tunnels, des précipices et des pentes abruptes. Le pèlerinage du savoir a ses dangers ; et c'est là ce que je voudrais esquisser rapidement.

II

Le premier péril, le plus constant et le plus difficile à éviter, c'est l'orgueil intellectuel.

« L'amour-propre, dit La Rochefoucauld, rend les hommes idolâtres d'eux-mêmes... Rien n'est plus impétueux que ses désirs, rien de si caché que ses desseins, rien de si habile que ses conduites. Ses souplesses ne peuvent se représenter; ses transformations passent celles des métamorphoses et ses raffinements ceux de la chimie. Il vit partout, il vit de tout; il vit de rien, il s'accommode des choses et de leur privation [1]. » Quand on croit l'avoir vaincu et pour l'avoir dépouillé de tout ce qu'il a, c'est alors qu'il triomphe. Il se glisse sous le manteau du moine et le voile de la religieuse; d'autant plus susceptible et plus tenace qu'il a pris le masque du désintéressement. L'amour de soi, c'est l'océan d'où sortent toutes nos passions et où elles vont se perdre.

1. *Maximes*, p. 80-82, éd. L. Aimé-Martin, Paris, 1822

Cet indéracinable caméléon est le plus grand ennemi du « chercheur d'être ». Il devient chez lui le sentiment de sa valeur intellectuelle ; et une fois perché si haut, il dirige de sa retraite, et le plus possible sans se faire voir, le cours de toutes ses pensées.

Ce mal sévit dans notre siècle de décadence morale, il s'affirme partout : c'est, à l'heure actuelle, la marque dominante de la méditation philosophique.

Qu'est-ce que la vérité? Problème dont on se soucie fort peu, du moins d'ordinaire, quoi qu'on en parle beaucoup. La vérité se porte toujours bien. Il s'agit pour chacun de faire entendre « sa petite musique », de se servir de son talent, comme d'un moyen, pour se créer un nom : la question n'est pas de pousser les idées, mais de se pousser soi-même. Par suite, il importe avant tout de ne rien dire de ce que les autres ont déjà dit, ou du moins de l'exprimer tout différemment; le point capital est d'apporter du nouveau. On abandonne donc la voie commune et l'on se jette dans les sentiers à travers les landes, afin d'y cueillir un bouquet de fleurs exotiques dont le rare parfum provoque l'attention.

Ce n'est pas que l'on s'avoue toujours à soi-même ce crime de lèse-vérité. Mais l'amour-propre est le plus rusé des hypocrites. Il intervient du fond de sa coulisse et fait de la raison l'avocate de sa cause. Il triomphe alors, et sans se montrer dans sa laideur naturelle. L'apparence du bien lui suffit. N'est-ce pas ainsi qu'on est arrivé à ne voir dans Pascal qu'un défenseur de la « certitude du sentiment », à faire de cet immortel représentant de la raison un précurseur du « modernisme » philosophique? N'est-ce pas de cette manière que l'on a converti le superbe intellectualisme de Platon en un simple jeu de vaines subtilités? N'est-ce pas aussi par cette voie tortueuse que l'on a réussi à se persuader que l'essence de l'être est de devenir et que, par suite, l'intelligence, qui porte sur le fixe, n'a pas de prise sur la réalité? On « sollicite » doucement et les faits et les idées, on émaille sa logique en détresse de quelques métaphores brillantes qui marquent l'entrée ou la sortie d'un tunnel. Et le tour est joué : le public croit, il est sous le charme. C'est le but que l'on voulait obtenir, bien que plus ou moins inconsciemment.

Cette sorte de philautie est très funeste à ceux qui s'en trouvent atteints : elle les domine de plus en plus et finit par en faire ses esclaves et ses victimes, surtout si leur succès s'élève jusqu'à la gloire. Allez donc dire à certains représentants de la philosophie moderne que la vérité se trouve peut-être dans le christianisme, que peut-être, s'ils suivaient loyalement le cours de leurs idées, ils iraient s'agenouiller aux pieds d'un prêtre. Et vous sentirez, à leur explosion de révolte, tout ce que leur cœur, sans qu'ils s'en rendent bien compte, renferme de secrète adoration de soi-même. La vérité! La vérité! Mais ils en ont peur, mais ils la fuient, et parce que, si elle venait à dessiller leurs yeux, il faudrait rabattre leur indomptable superbe. Eh quoi! Renoncer à tout un passé de gloire, s'exposer par un retour incompris à la risée d'un public qui vous soutient de son estime et de ses applaudissements! Non, non, la chose est impossible.

Mais cette obstination, si grave qu'elle soit de sa nature, n'apparaît encore que comme un fâcheux accident, si l'on considère les conséquences sociales que peut avoir l'orgueil intellectuel. De là vient cette nuée de doctrines extravagantes, plus ou moins romantiques que nous voyons régner autour de nous et qui forment comme notre atmosphère; de là vient ce « tintamare de cervelles philosophiques » dont on nous rabat les oreilles. Si nos grandes doctrines traditionnelles ont perdu leur crédit, si tous les principes sont par terre, si l'on ne peut plus rien avancer dont le contraire ne nous paraisse également valable, si l'anarchie des idées est à son comble, nous le devons surtout à cette foule de gens qui travaillent du cerveau parmi nous et dont la tendance dominante est de se préférer eux-mêmes à l'ordre des choses. La racine du mal n'est pas dans la logique de l'objet, mais bien dans celle du sujet, qui ne consent jamais à se perdre de vue, qui s'aime trop pour aimer la vérité.

Il faut donc réduire cet ennemi intérieur, à la fois si tenace et si subtil. C'est la condition de tout progrès réel sur la route du savoir. Et le meilleur moyen d'y réussir nous est indiqué par les Pères de l'Église, ces grands connaisseurs d'âmes. « Voulez-vous, dit saint Augustin, saisir la vérité et la rendre vôtre? Ne prenez pas une voie différente de celle qui a été préparée par Dieu, à qui la faiblesse de nos pas est connue. Or la première voie est l'humilité; la seconde est l'humilité; la troisième, l'humilité. Et aussi longtemps que vous m'interrogerez, je répondrai la même chose[1]. »

Pascal a repris cette idée à laquelle il ajoutait également une importance capitale. C'est ce qu'il veut faire entendre dans un langage un peu brusque, lorsqu'il prescrit au libertin de « prendre de l'eau bénite », et qu'il ajoute : « cela vous fera croire et vous abêtira ». Il ne faut pas voir dans ces paroles un trait de scepticisme, comme on pourrait le croire et comme l'ont cru certains philosophes. Rien n'est plus éloigné de l'auteur des *Pensées*. Par cette sortie imprévue, Pascal nous indique simplement, comme remède à notre superbe, un de ces actes héroïques qui sont l'abdication complète du *moi* et nous retournent tout entier : « Humiliez-vous, raison impuissante »;

1. *Ép.* CXVIII, à Dioscore, n° 22, col. 442, éd. Migne, Paris, 1842.

et vous serez redressée; par là même, vous verrez Dieu. C'est l'orgueil qui a tout perdu; il faut donc d'abord qu'il soit anéanti.

Bien mystique, me direz-vous; bien mystique, ce langage. Oui, mais en même temps, langage profondément philosophique. Et c'est encore à l'école de Pascal que nous pouvons nous renseigner sur ce point. L'Humilité nous apprend à reconnaître notre vraie place dans « la police de l'univers », à ne pas nous mettre au-dessus des lois qui dirigent le mouvement du monde et lui conservent son « éternelle jeunesse ». L'humilité implique la préférence de l'ordre; et dès lors, on voit son importance morale. « Pour connaître les choses divines, il faut les aimer »; « c'est par la charité qu'on entre dans la vérité ». Mais quelle est la porte de la charité elle-même? L'humilité. Pour être un vrai philosophe, il faut se renier soi-même.

III

Un autre danger que court l'intelligence, c'est ce qu'on peut appeler la peur du mystère ou mystériophobie.

Notre raison veut voir : c'est son office naturel ; et, quand elle ne voit plus, elle se choque et s'irrite contre l'obstacle qui lui barre la lumière. De là une tendance à nier tout ce qu'on ne comprend pas.

Cette inclination sévit plus ou moins chez tous ceux qui se demandent le pourquoi des choses. Mais, depuis Descartes, elle a pris un empire considérable. N'affirmer que ce qui est « clair et distinct », rejeter de son esprit tout ce qui ne revêt pas ce caractère : telle est la loi qu'ont suivie d'innombrables penseurs, inspirés du *Discours sur la méthode* ; et la génération n'en est pas encore éteinte. Ils ne sont pas rares parmi nous, ceux qui soutiennent que l'inintelligible n'est pas, et parce qu'il ne peut être.

Rien cependant n'est plus contraire à la raison, que de nier les limites de notre raison. De quel droit affirme-t-on que l'horizon de notre savoir est aussi la frontière de l'être, lorsque nous savons si peu de choses, lorsque nous constatons par l'expérience que le moindre atome est encore pour nous un nid d'impénétrables mystères ?

Je trouve, dans l'*Émile* de Rousseau, un

passage où la naïve et colossale audace de cette affirmation est bien mise en lumière ; et le trait me paraît d'autant plus utile à mentionner, que le caractère distinctif du psychologue de Genève ne consiste pas précisément dans la justesse. « Supposons, dit-il, un sourd qui nie l'existence des sons, parce qu'ils n'ont jamais frappé son oreille. Je mets sous ses yeux un instrument à corde dont je fais sonner l'unisson par un autre instrument caché ; le sourd voit frémir la corde ; je lui dis : c'est le son qui fait cela. Point du tout, répond-il : la cause du frémissement de la corde est en elle-même ; c'est une qualité commune à tous les corps de frémir ainsi. Montrez-moi donc, reprends-je, ce frémissement dans les autres corps, ou du moins sa cause dans cette corde. Je ne puis, réplique le sourd. Mais parce que je ne conçois pas comment frémit cette corde, pourquoi faut-il que j'aille expliquer cela par vos sons ? C'est expliquer un fait obscur par une cause encore plus obscure. Où rendez moi vos sons sensibles, ou je dis qu'ils n'existent pas. »

Les rationalistes ressemblent à cet homme dont nous parle Rousseau : ce sont des sourds en métaphysique. Mais on peut pousser plus loin les conséquences de leur principe.

— Nous ne comprenons pas ajoutent-ils ; donc nous attendons pour nous rendre que la lumière se fasse.

Mais qu'ils nous disent donc, ces fiers adorateurs de la raison, s'ils comprennent ce que c'est qu'une idée, ce que c'est qu'une image, ce que c'est qu'une sensation, ce que c'est qu'un mouvement. Qu'ils nous disent s'ils comprennent en quoi consiste la possibilité de la pensée elle-même, ce soleil qui pour nous éclaire tout le reste. Toute pensée est double, puisqu'elle enveloppe un acte qui perçoit et une chose perçue ; d'autre part, toute pensée est triple, puisque ces deux termes se ramènent nécessairement à l'identité d'un même sujet. Or, je ne sache pas qu'un mortel ait jamais expliqué cette trinité de la terre.

Bien plus, et pour toucher à ce qui fait comme le levier de toute science naturelle, en quoi consiste donc le couple causal? Voici le foyer d'un maréchal; il est chargé de charbon et traversé d'une barre de fer. On fait partir une étincelle; le charbon brûle et le fer rougit. Les déterministes ont-ils mieux compris que les autres ce qui rend possible le passage du combustible à l'état de combustion, ce que c'est que la combustion elle-même et la manière dont elle produit son effet qui est de rougir le fer ? Il y a là trois faits qui nous sont donnés, dont nous avons l'intuition, mais qui demeurent résolument réfractaires aux prises de l'intelligence.

Le mystère est notre grand familier ; il le devient d'autant plus que l'on réfléchit davantage : c'est par excellence le familier du philosophe. Le mystère est partout, au commencement, à la fin et au milieu de la connaissance humaine. Car, si le lien logique nous est connu comme une exigence essentielle des choses, le fond ne nous en demeure pas moins inaccessible : il ressemble à la nuée des Hébreux ; il est lumière d'un côté et ténèbres de l'autre. Il faut accepter le mystère, ou bien rester la bouche close, comme cet homme que Louis Mercier nous représente dans son *Lazare le Ressuscité,* dont la multitude innombrable des morts attendait l'oracle de la délivrance et qui avait les lèvres cousues.

« L'idée claire et distincte » : ce principe, tant de fois appliqué, renferme donc une

équivoque. Pour en voir la vraie signification, besoin s'impose de distinguer, comme
le fait *La logique de Port-Royal*, la question
d'existence et celle *de nature*. Je perçois la
lumière; et personne n'a pu dire au juste ce
que c'est qu'un rayon lumineux; il est même
probable qu'on le cherchera longtemps encore.
Je respire avec joie l'odeur des roses et celle
des lilas. Ce ne sont là pourtant que des idées
confuses, comme le disait Leibniz; est également confuse, et à plus forte raison, l'idée de
la cause qui produit ces sensations. Ainsi,
du moins dans une certaine mesure, de tous
les cas que la nature présente à notre curio-
sité de savoir.

Admettre les faits établis, admettre également
ment les conséquences que ces faits suppose,
ne rien abandonner de ce que l'on sait à cause
de ce qu'on ignore : telle est la règle du vrai
penseur, de celui qui cherche pour trouver.
Et, dès lors, on peut croire ce que l'on ne
comprend pas, pourvu qu'il y en ait par
ailleurs des preuves légitimes; les mystères
chrétiens eux-mêmes ne sont plus le scandale
de la pensée.

IV

On est arrivé, comme je le montrais tout à l'heure, à clore l'intelligence en elle-même, au nom de l'évidence dont le rôle est pourtant de la conduire sur sa route vers le dehors. D'autres, partant du même principe, ont conclu brutalement que nous ne pouvons connaître que les phénomènes et leurs lois. Et de là une sorte d'idolâtrie du fait, qui a été longtemps et qui est encore pour les meilleurs esprits un principe de déviation. C'est de ce troisième danger qu'il me reste à dire quelques mots.

Arrière les questions de substance, de puissances ou virtualités et de causes métempiriques. Il a toujours suffi de parler de ces choses-là pour cesser de s'entendre : preuve que l'on ne sait plus ce qu'on dit. L'histoire se dresse tout entière contre la métaphysique : elle n'a jamais été qu'une série d'échafaudages qui se renversent les uns les autres, sans laisser d'autre profit. Que l'humanité qui réfléchit, celle à qui appartient l'avenir, l'apprenne donc une bonne fois. Les faits et leurs lois : voilà tout notre domaine d'exploration.

« La philosophie positive, dit A. Comte, reconnaît désormais, comme *règle fondamentale*, que toute proposition qui n'est pas strictement réductible à la simple énonciation d'un fait, ou particulier ou général, ne peut offrir aucun sens réel et intelligible. Les principes qu'elle emploie ne sont plus eux-mêmes que de véritables faits, seulement plus généraux et plus abstraits que ceux dont ils doivent former le lien. Quel que soit d'ailleurs, le mode, rationnel ou expérimental, de procéder à leur découverte, c'est toujours de leur conformité, directe ou indirecte, avec les phénomènes observés que résulte exclusivement leur efficacité scientifique... En un mot, la révolution fondamentale qui caractérise la virilité de notre intelligence consiste essentiellement à substituer partout, à l'inaccessible détermination des causes proprement dites, la simple recherche des *lois*, c'est-à-dire des relations constantes qui existent entre les phénomènes observés [1]. »

____

1. A. COMTE, *Discours sur l'esprit positif*, p. 19-20.

Un personnage de Dickens formule la même idée d'une façon beaucoup plus simple et plus vive, où l'on ne voit plus rien du style lourd et pâteux d'A. Comte. « A présent, dit-il, ce qu'il nous faut, ce sont des faits. N'enseignez à ces filles et à ces garçons que des faits. On n'a besoin que des faits dans la vie. Ne plantez rien autre chose en eux. Déracinez en eux toute autre chose. Vous ne pourrez former l'esprit d'un être raisonnable qu'avec des faits... »

Cette doctrine, à peine formulée, s'est répandue comme une traînée de poudre : elle a provoqué des enthousiasmes étranges et séduit une foule d'excellents esprits. Son action est moins forte maintenant; mais on en trouve partout des traces profondes : elle a laissé dans les âmes le goût exclusif du fait, et par là même le dédain de la « chose ». Lamennais fulminait contre l'*Indifférence en matière de Religion*. Aujourd'hui, le mal est plus radical et plus difficile à guérir; il faudrait écrire contre l'indifférence en métaphysique. Dès qu'il s'agit de questions qui touchent à cette cime de la pensée, on ne vous écoute plus, ou du moins l'on cesse de vous suivre. Bah! ce monde dépasse tellement les faits; il est si loin de nous que l'on en peut écrire et croire ce que l'on veut. Ce n'est plus et ce ne peut être un objet de science.

L'indifférence, c'est l'attitude des pacifiques. Chez les autres, et ils sont nombreux, il s'y ajoute une haine plus ou moins violente, celle que Comte lui-même nourrissait contre « l'absolu ». Regardez, par exemple, comment on parle de l'idée de Dieu depuis soixante-dix ans. On a sondé l'un après l'autre tous ses aspects et toutes ses preuves, non pour discerner la valeur qu'elle peut avoir, mais dans l'intention d'en dénicher les difficultés et les faiblesses. L'objection, toujours l'objection : c'est le point de vue sous lequel on s'est placé pour étudier le problème théologique. Quoi d'étonnant dès lors à ce que l'on soit revenu de cette longue enquête avec ce cri de désespoir ou plutôt de triomphe : « Nous n'avons point de père »; ou, si nous en avons un, il est pour nous comme s'il n'était pas : qu'il ferme donc son temple et garde son éternité !

Puis, comme si cette conclusion toute né-

gative était légitimement, définitivement éta-
blie, on s'est mis à l'œuvre avec une intrépi-
dité sans pareille. On a banni Dieu de partout
de la constitution, de l'école, du prétoire, ce
sanctuaire de la justice où sa place semblait
marquée pour toujours. Ce nom, qui susci-
tait chez Descartes et Leibniz des sentiments
si profonds de respectueux amour et que New-
ton n'osait prononcer sans se découvrir, ce
nom tendrement invoqué par tout ce que
l'humanité compte de plus noble, a fini par
n'éveiller dans la conscience publique que
l'idée d'une hypothèse enfantine. On évite de
s'en servir; il a quelque chose d'infamant :
c'est un trait de courage que de l'employer
encore.

Nous n'avons point de père! Je le crois bien;
il était entendu d'avance que nous ne devions
pas en avoir. Imaginez qu'un homme soit en-
fermé dans une chambre. La question est
d'en sortir. Or que fait-il? Il commence, avant
tout examen, par déclarer que telle porte est
condamnée, qu'on'a jamais passé par là, qu'on
n'y passera jamais. Puis, il va frapper ailleurs : portes, fenêtres et lucarnes, il éprouve

tout; et rien ne cède à ses efforts. Enfin, il s'écrie de désespoir : Je suis décidément clos de tous côtés. — Oui, excepté du côté de la porte à laquelle on n'a pas même touché ; et c'était la seule qui s'ouvrît vers la lumière. Voilà, me semble-t-il, l'image du positiviste qui cherche Dieu. Il a eu bien soin de ne pas essayer la bonne porte ; et le résultat vaut ce que vaut le parti pris qui l'amène.

Quelque question que l'on traite : il faut d'abord discerner les hypothèses qui la peuvent résoudre, les examiner ensuite une à une, sans exception et avec d'autant plus de sérieux que, vu la nature du sujet, elles présentent plus de vraisemblance. Aucune d'elles, sans doute, n'a le droit de s'imposer d'avance, quelque sympathie qu'elle nous inspire ; mais toutes ont le droit d'être bien accueillies. Voilà l'unique méthode qui fasse que la science soit « scientifique », selon le mot d'A. Lang. Et j'en demeure intimement convaincu : si l'on eût mis à l'employer le dixième de l'énergie que l'on a mise à faire juste le contraire, il serait sorti de ce travail la plus ample, la plus précise et la plus solide des théodicées que l'on ait jamais vue. Saint Augustin,

Descartes et Leibnitz auraient pâli en face de ce nouvel effort de l'esprit humain.

« Abnega temetipsum » : c'est la devise du saint; c'est également celle du savant. Tout mélange d'égoïsme nuit au progrès de l'amour de Dieu; de même, tout mélange d'égoïsme nuit au progrès de la connaissance. Pourquoi? Parce que, des deux côtés, on poursuit le même but, qui est la conquête de l'Absolu.

CHAPITRE VII

LA RAISON INDIVIDUELLE

« Abnega temetipsum ». Mais ce renoncement peut-il être intégral? Peut-il aller jusqu'au fond? « L'individu, dit quelque part saint Thomas d'Aquin, est quelque chose d'ineffable. » Cette parole est peut-être plus profonde encore qu'on ne le pense. N'y a-t-il pas en chacun de nous une manière toute spéciale de penser qui fait que notre raison, tout en obéissant à ses lois internes, dévie plus ou moins de la raison?

I

« O mon Jésus, dit Malebranche au début de sa cinquième *Méditation*, vous êtes la raison universelle des esprits et leur loi inviolable ; vous êtes la lumière et la sagesse éternelle ; vous êtes l'ordre immuable et nécessaire. Dieu n'éclaire les hommes que par vous, qui êtes son Verbe ; il ne les règle que sur vous, qui êtes sa loi. L'homme n'est à lui-même ni sa loi, ni sa lumière[1]. »

Bien ! Mais, quoi qu'on puisse dire de cette raison universelle dont nous parle le célèbre oratorien, il ne reste pas moins vrai que, lorsque nous pensons, nous ne sommes pas deux : moi et le Verbe, moi et l'Absolu. C'est notre raison à nous et toute seule qui cherche, conçoit ses idées et les coordonne ; c'est notre raison à nous qui fait tout le travail. Elle y met donc quelque chose de cette marque individuelle, essentiellement incommunicable qui fait partie de sa nature et lui donne comme sa physionomie. De là vient que les penseurs se ressemblent d'autant moins qu'ils ont plus d'originalité. Si un Pyrrhon ne raisonne pas comme un Aristote et Bossuet comme un Spinoza, c'est surtout parce que chacun d'eux a sa manière à lui de concevoir les choses et d'enchaîner les

____

1. II, p. 49, éd. J. Simon, Paris.

idées qu'il y trouve; c'est surtout parce que
chacun d'eux a son intelligence en propre,
naturellement différente de tous les autres
esprits.

*
* *

De ce fait psychologique indéniable, certains
auteurs ont tiré deux conséquences principales
qui me paraissent trop absolues, mais qui n'en
sont pas moins fort suggestives.

Tout d'abord, les grands philosophes ne se
convertissent pas. Lorsqu'un homme de génie
a pris pleine possession de son système, il
est allé jusqu'au bout de sa raison : il l'a
épuisée; il ne lui reste donc plus aucune res-
source pour passer au delà ou revenir en
deçà. Faites-lui les objections que vous vou-
drez; il pourra les écouter et même les comprendre, mais elles ne feront que raviver en
lui le sentiment qu'il s'est fait des choses à
force de réflexion. Sa forteresse demeure im-
prenable, comme une place de Vauban. « Spinoza avait entendu tout ce qu'il est naturel
de dire sur les contradictions de l'Éthique, et
ces contradictions apparaissent naturellement,

et légitimement d'ailleurs, à quiconque n'est pas spinoziste. Elles n'existent pas pour Spinoza ; et, au contraire, Spinoza voit avec une clarté invincible sa propre doctrine, vraie partout et partout cohérente » : il ne se sent pas atteint. Ce qui lui est naturel, à lui, de dire, c'est ceci : « Les hommes, s'ils réfléchissaient sur la nature de la substance, entendraient par substance ce qui est en soi-même, ce qui se conçoit par soi-même, c'est-à-dire ce dont la notion ne repose pas sur la notion d'une autre chose. » Spinoza répond par la définition de son idée principale, très convaincu qu'il suffit de la comprendre pour être de son avis[1]. Et c'est tout ; tant il a peu de souci de l'objection ! On pourrait en dire autant de saint Augustin une fois converti, de Descartes, de Leibniz et de Kant. Parvenus à la maîtrise de leur pensée, ils se sont trouvés incapables de rien changer « sur l'essentiel de leur doctrine ». Une conversion de ce genre supposerait que la raison de l'un quelconque d'entre eux est devenue celle d'un autre. Or, de tels

---

1. Abbé J. MARTIN, *La démonstration philosophique,* 224-225, Paris, 1898.

changements ne se produisent pas dans la nature.

La seconde conséquence à laquelle j'ai fait allusion, c'est que, d'ordinaire, les réfutations ne servent à rien, et parce qu'elles n'ont pas l'énergie voulue pour atteindre leur but.

« Quand un livre s'appelle la *Critique de la raison pure* ou les *Origines du Christianisme* par Renan, on a beau montrer l'inanité des principes, l'inexactitude ou l'erreur des faits allégués ; on n'a pas pour cela atteint le livre ; et même si, aux yeux de tous, la réfutation paraissait juste, il serait simplement acquis que l'on a corrigé la table des matières. Mais ce n'est pas par la table des matières, c'est par son livre, c'est-à-dire par sa force de conception que l'auteur avait agi sur le public. Il se trouve donc que l'on n'a rien fait du tout[1] ; » ou plutôt, comme le dit quelque part Leibniz, on a travaillé contre la vérité, puisqu'on a fait connaître l'erreur d'un public plus nombreux.

Le vrai moyen de réagir contre les systèmes que l'on nous oppose, c'est d'en proposer de

______

1. Abbé J. MARTIN, 259.

plus fortement pensés. On a bâti une tour ;
construisons une place forte : nous serons
sûrs alors de ne pas avoir perdu notre peine.
« Les circonstances extérieures, au moment
où parut l'*Éthique*, étaient plutôt de nature
à rendre odieux le nom de l'auteur ; et au
lendemain de la mort de Malebranche, tout
semblait devoir condamner Malebranche à
l'oubli. Pourtant, la pensée de Spinoza et la
pensée de Malebranche s'imposent toujours à
l'attention ; l'une et l'autre peuvent encore
agir sur les intelligences[1]. » Rien ne réduit
à néant l'influence qu'exerce une doctrine ori-
ginale. Ce n'est pas par elle-même que la
vérité triomphe, mais par la puissance que
l'on met à la concevoir ; et voilà pourquoi le
règne des intelligences appartiendra toujours
au génie, quelle que soit d'ailleurs la direction
qu'il prenne : il n'y a que la vie qui puisse
communiquer la vie.

II

Notre manière individuelle de penser ne
vient pas seulement de la nature. Elle peut

----

1. Abbé J. Martin, *loc. cit.*, p. 260.

tenir aussi, du moins partiellement, à la discipline intellectuelle que nous avons subie; elle peut être également un legs de la race ou de la nationalité à laquelle nous appartenons : les morts vivent en nous et pensent encore avec nous, tant la loi d'hérédité est profonde! Sur ces deux derniers points, à savoir l'empreinte de l'éducation et celle du peuple dont le sang circule dans nos veines, les faits sont curieux; étrange est la signification qu'ils présentent. Il faut en citer quelques-uns.

Chacun sait, par exemple, que, dans le respect du même credo, un dominicain ne raisonne pas tout à fait comme un jésuite, ni un jésuite comme un franciscain. Les divergences d'idées qui s'accusent entre ces grands ordres sont même très profondes. De plus, elles ont une incroyable ténacité. Supposez que le monde vive cent mille ans et que, durant ce long intervalle, on ait tout modifié à la surface du globe : les empires, les lois, l'histoire, l'exégèse et les conceptions philosophiques. S'il existait encore deux religieux sur cette nouvelle terre, par exemple un dominicain et un franciscain, on les verrait argumenter l'un et l'autre, tout comme au bon vieux temps : le Dominicain ferait du saint Thomas et à la dominicaine, le Franciscain du Duns Scot et à la franciscaine ; et chacun d'eux proclamerait avec une pleine conviction que la vérité tout entière est le monopole de son saint, que, pour qui sait lire, elle s'y trouve *sine addito nec restrictione*.

Permettez-moi à cet égard un souvenir personnel. J'entrais un jour à sept heures du matin dans un couvent de Paris où l'on m'avait confié du ministère. La tourière allumait son poêle et faisait une fumée à couper au couteau. Je me permis bonnement d'attirer son attention sur le fait. « Eh ! oui, Monsieur l'Abbé, me fut-il répondu ; on allume ici le poêle à 7 heures, comme au XVIIe siècle. » Ces paroles furent pour moi toute une révélation : Je vis derrière l'incident un état d'âme où le passé tient tant de place qu'on ne peut pas même bâiller la porte au présent. « Le présent, c'est du nouveau ; il n'a donc pas le droit d'exister, du moins celui de pénétrer ici. » — Mais alors, mes chères sœurs, attendez les taubes ; attendez les obus de 420. Et peut-être serez-vous convaincues que la vie ne se borne pas à se redire éternellement?

D'où vient donc cette étonnante persistance des opinions, même lorsque tout au dehors semble appeler quelques changements? D'une discipline constante et capable de plier pour toujours les esprits qui l'acceptent. Chaque congrégation est comme un être unique qui a son tempérament et ses tendances à lui, et qui, par là même, doit avoir un certain fonds de logique spéciale. Tout cela passe plus ou moins dans les recrues, à mesure qu'elles pénètrent dans la demeure choisie : la jeunesse reçoit l'empreinte, d'autant plus fortement que le scolasticat est mieux organisé; et l'identité corporative se conserve à l'indéfini.

On voit par là même ce qui fait la force et la faiblesse des corporations religieuses. Elles sont fortes à leur début, du moins quand elles sont bien fondées et correspondent à des besoins réels : elles rendent alors de très grands service; l'histoire de l'Europe est là pour en témoigner[1]. Mais, au bout d'un certain temps, leur action devient plus ou moins inutile, et à cause même de l'immobilisme qui les

1. LE COMTE DOMET DE VORGES, *Saint Anselme*, 34-45; Paris, 1901.

caractérise : elles ne s'accordent plus avec les aspirations qui se sont fait jour ni avec les formes nouvelles, qu'a revêtues la vie. Il se peut même qu'à la longue elles soient un obstacle à la cause du bien. « Dans les débuts, disait le cardinal Guidaccioni à propos de l'établissement de la Compagnie de Jésus, tous les ordres sont pleins de ferveur; mais avec le temps, ils se relâchent; et, devenus vieux, ils font plus de mal à l'Église qu'ils ne lui avaient fait de bien à l'origine[1]. »

Le vrai moyen d'échapper à ce déclin serait d'introduire peu à peu les innovations nécessaires. Il faudrait qu'il y eût à la tête des congrégations, non pas d'habiles économes, mais des hommes assez cultivés pour discerner les vrais besoins de leur temps, et assez forts pour imposer les réformes utiles. Elles resteraient alors perpétuellement conformes à la devise du pape Léon XIII; elles réaliseraient « l'homme immortel » dont parle Pascal dans ses *Pensées;* toujours utiles à travers les phases du devenir, elles conserveraient par là même leur véritable

____

1. H. JOLY, *Saint Ignace,* 150 (*Les Saints*); Paris, 1899.

raison d'être. Malheureusement, cette variation dans l'identité qui est pourtant une loi de la vie, n'est point le spectacle auquel on assiste. Derrière chaque couvent, il y a un peuple, très respectable d'ailleurs; derrière chaque couvent, c'est une démocratie qui fait loi; et nul changement n'y est compris, nul changement n'y peut être toléré, pas même celui de ne plus allumer le poêle à sept heures.

Platon n'avait-il pas bien raison de remarquer que « le beau est chose difficile »?

*
* *

Plus sensibles encore sont les différences de mentalité qui s'accusent entre les diverses races ou nations.

Les Anglais ne sont séparés de nous que par deux doigts de mer; et pourtant ils ne nous ressemblent pas du tout. Leur trait dominant, c'est la positivité; et toutes les théories de ce grand peuple en portent nettement la marque. Il n'a presque jamais dépassé cette philosophie de l'association qu'on appelle l'empirisme et qui consiste à tout expliquer par les sens, même la raison.

Elle est née dans la Grande île, cette doctrine qui nous paraît si clairement insuffisante; elle s'y est maintenue; elle s'y est développée sans relâche et souvent avec gloire; elle y fleurit plus que jamais. De Guillaume d'Occam à Hobbes, de Hobbes à David Hume, de David Hume à Stuart Mill, c'est toujours elle qui revient comme l'unique principe d'explication; et le plus grand tour de force du cardinal Newman est précisément d'avoir essayé d'établir sur une base aussi fragile toute une défense de la religion chrétienne, la plus chargée de métaphysique peut-être qui soit au monde. Comprendre : voilà un mot dont nos frères d'outre-Manche n'ont jamais bien pénétré le sens; le concept, pour eux, est chose inconnue. Aussi peut-on dire que, s'ils ont merveilleusement fait la psychologie de l'animal, ils n'ont jamais touché à celle de l'homme : ils sont toujours restés « au-dessous de la raison ».

Ce n'est pas qu'ils souffrent autant que l'on pourrait le penser, de leur incapacité d'abstraire. La nature a trouvé le moyen de remédier à cette impuissance naturelle. L'Anglais ne croit pas facilement que l'échelle de notre logique s'élève jusqu'au ciel; mais il a le « sens du divin », et à un degré généralement très profond : il est religieux par nature. L'Anglais respecte le principe de l'autorité et les lois qui en sont la manifestation extérieure : on ne se récrie là-bas ni contre le roi ni contre le code. L'Anglais a le sentiment des conditions pratiques de l'existence. Toutes ces choses lui sont plus naturelles encore que le don de faire du commerce; et ce sont ces qualités natives qui ont contribué le plus à former sa force et sa grandeur.

Dans la demeure d'un Anglais, il y a toujours deux pièces : l'une au rez-de-chaussée, l'autre au premier étage. Dans la première, on se trouve avec ses semblables; et, par là même, on accepte toutes les conditions sans lesquelles la vie commune ne serait plus possible ou qui la peuvent rendre agréable : il s'agit de vivre, non de penser. Quand on monte dans la seconde pièce, au contraire, c'est pour être seul avec soi-même, c'est pour s'entretenir de ses propres idées. Et l'on n'a plus alors qu'à suivre leurs rondes cérébrales. Car, si loin qu'elles nous emportent en dehors des opinions courantes, c'est toujours d'elles-mêmes et d'elles seules qu'elles tiennent leur loi de consécution.

Mais alors comment se concilient la théorie et la pratique, la spéculation et la vie? La réponse est bien simple pour un Anglais : du premier étage au rez-de-chaussée, il n'y a pas d'escalier. — Il y en a un pourtant. Mais l'avantage des Anglais est de le trouver un peu obscur; ils ne le pratiquent que fort peu. Regardez, par exemple, comment après soixante-dix ans de travail révolutionnaire intense, les habitants de la Grande-Bretagne ont su faire trêve à leurs querelles intérieures et s'unir sans exception pour courir sus à l'ennemi commun.

*
* *

Autre encore est la mentalité de l'Allemand. Il a le goût et comme la passion de l'indéfini, ou si l'on veut, de l'infini : car ces deux choses, pourtant très différentes, se confondent un peu dans sa pensée. Autant nous aimons les formes nettes et précises, autant nous recherchons l'ordre et la clarté; autant il s'en désintéresse et même s'en défie.

Regardez-le dans sa brasserie. Il ne cause presque pas. Muni d'une grosse pipe à côté de son massbier, il écoute indolemment l'orchestre qui se fait entendre du fond de la salle : c'est surtout un homme qui rêve. « La puissance du chant, dit quelque part Novalis, c'est elle qui baigne de lumière nos yeux ; d'elle nous tenons nos pensées révélatrices de chaque art : aux âmes sereines et aux âmes fatiguées, elle verse une pieuse et miséricordieuse ivresse... Encore sommeillaient au dedans les intuitions suprêmes. Alors j'ai vu ses ailes d'ange descendre jusqu'à moi et je me suis envolé, réveillé dans ses bras[1]. » Il y a quelque chose de profondément juste dans ces paroles du grand romantique. La musique : voilà, comme l'a remarqué Beethoven[2], la vraie langue de l'Allemand, celle en laquelle il se parle le mieux à lui-même d'art, de philosophie et de religion. Aussi, voyez

1. E. SPENLÉ, *Novalis*, p. 360, Paris, 1902.
2. JEAN CHANTAVOINE, *Correspondance de Beethoven*, p. XII, p. 92, 101. — Franz Liszt, également, voyait dans la musique, comme Beethoven et surtout Wagner, « un langage poétique plus apte peut-être que la poésie elle-même à exprimer tout ce qui, en nous, franchit les horizons accoutumés ; tout ce qui échappe à l'analyse ; tout

la conséquence de cette trempe d'esprit. C'est dans les plaines brumeuses de la Germanie qu'ont fleuri de préférence le panthéisme et le mysticisme, ces deux théories du monde que commande ou du moins que favorise le plus l'idée d'infini. De Böhme à Schopenhauer, c'est là le thème autour duquel brodent tous les philosophes de la vaste Teutonie [1].

On nous objectera sans doute le système de Hegel. Cette doctrine au moins, nous dira-t-on, n'est pas un simple chant, même à la Wagner. Cette doctrine, tout en restant profonde, ne laisse pas d'être claire et précise et de porter directement la lumière dans l'esprit : c'est de la mathématique. — La remarque est fondée, mais elle ne représente qu'un aspect de la philosophie Hégélienne. Sans doute, la déduction de Hegel est un modèle du genre. Son principe une fois posé, à savoir que l'idée se réalise d'elle-même, tout le reste en découle comme une série de corollaires, jus-

ce qui s'agite à des profondeurs inaccessibles, désirs impérissables, pressentiments infinis » (*Eod. loc.*, p. 161-162.

1. V. Sur ce trait du caractère allemand notre article intitulé *La philosophie allemande et les faits actuels* (*Revue d'Apologétique*, février 1915).

qu'à cette identification du droit et du fait
qui domine actuellement en Allemagne et
contre laquelle s'élève l'humanité tout entière. Il faut convenir aussi que Hegel a le
sens du réel; et la chose paraît assez vrai-
semblable, puisqu'à ses yeux les événements
sont autant de manifestations, ou pour parler
d'une façon plus précise, d'incarnations de
l'idée. Il reproche quelque part à Novalis
d'avoir des conceptions où l'on ne sent pas
assez le contact des choses, qui sont trop
imaginatives; et ces paroles ne le mettent
pas en contradiction avec lui-même. Ce grand
prêtre de l'idée est en même temps un vrai
réaliste.

Mais ce n'est pas moins de l'infini qu'il
part; l'infini, voilà le grand ressort qui meut
toute sa dialectique. Or, cette idée initielle
et maîtresse, il ne l'a pas mieux déter-
minée que les autres; elle n'est pas plus
nette chez lui que chez Fichte ou Schelling,
ses contemporains. Et c'est par là qu'il
rentre dans le grand courant qui entraîne la
pensée de l'Allemagne, depuis que l'on y
compte des penseurs. De ce côté, la parenté
est visible.

* *

Les Indiens, ceux qui combattent actuellement pour la France : voilà des gens qui sont encore moins faits pour nous comprendre que les Anglais ou les Allemands. Il y a des siècles et des siècles qu'ils se familiarisent avec un système d'idées et de croyances qui les rend de plus en plus réfractaires aux conceptions européennes. Un missionnaire, causant un jour de l'idée de Dieu avec un jeune Indien, lui fit cette remarque qu'un Français eût trouvée pour le moins toute naturelle : « Le fini dans l'infini ! mais c'est une contradiction dans les termes ; l'infini, dont le propre est d'exclure toute limite, ne saurait avoir de modes limités. » Le jeune homme répondit par un éclat de rire ; et ce fut tout. Était-il naïf, ce bon père, de s'arrêter à de pareilles vétilles ? Est-ce que la nature n'est pas pleine d'infini et de fini ? N'est-elle pas l'éternelle réalisation de ces deux choses en apparence irréductibles ? Voici d'ailleurs ce que raconte G. Le Bon de jeunes Indous élevés dans nos universités « et ayant obtenu les diplômes ». Sur leurs fonds immuable d'idées religieuses ou sociales héréditaires, s'était superposé, sans nullement les altérer, un fond d'idées occidentales sans parenté avec les premières. Suivant les hasards du moment, les unes ou les autres apparaissaient avec leur cortège spécial d'actes ou de discours; et le même individu présentait ainsi les contradictions les plus flagrantes. Mais les idées héréditaires l'emportaient par leur vigueur et leur degré d'intensité. Elles étaient seules assez puissantes « pour devenir des mobiles de conduite ». Le tempérament de la race prévalait encore contre la force critique de l'individu[1]. Et combien cette remarque est suggestive! Je la recommande à l'attention des orientalistes, particulièrement à ceux qui, sur le témoignage des livres, nous parlent avec tant d'assurance du Brahmanisme et du Bouddhisme. Pour comprendre les Indiens, me disait un jour Mgr Leroy, il faut avoir vécu de longues années dans les Indes, et non pas à la façon d'un ermite, mais en visitant les marchés, les foires, les tavernes, les pagodes et les théâtres, en se mêlant autant que possible

1. G. Le Bon, *Psychologie des foules*, 50-51, 1908, Paris.

à la vie de ces gens. Ils ne nous ressemblent
pas.

III

On pourrait citer à l'infini des faits de
même ordre et de même signification. Ils ne
nous apprendraient rien de plus; ceux-là suffisent. Mais quelle avalanche de relativisme?
« De quelle tempête nous sommes battus? »
aurait dit Platon. Tout est contre nous. L'individu, les écoles et les races : tout conspire
à nous perdre. Ce qui triomphe décidément,
c'est la logique du sujet sur celle de l'objet;
et l'absolu nous échappe. Naturellement fait
pour la vérité, l'homme est incapable de la
connaître.

Mais attendons la fin, comme le disait Euri-
pide dans un de ses drames. Un « Dauphin »
va surgir qui rétablira le calme et rendra au
firmament sa lumière La raison gouverne le
ciel et la terre; elle ne sombre pas.

Notre manière individuelle de concevoir ne
tient pas à l'objet pensé, mais au sujet qui

pense ; et l'on peut toujours la parquer dans la sphère que la nature lui a réservée. Là réside le principe de rédemption.

Que l'on vienne me dire, par exemple, à la façon de Kant, que, si $5 + 7$ font 12, c'est simplement en vertu de la constitution de notre esprit, il m'est très facile de démasquer ce sophisme. Il me suffit de ramener chacun des membres de l'équation aux unités qui la composent, et de les retrancher ensuite une à une de chaque côté, excepté les deux dernières. J'obtiens ainsi $1 = 1$: ce qui constitue la plus simple, la plus manifeste et la plus immuable des identités que l'on puisse voir. Où donc est ici le rôle de notre manière de penser ? De même, supposez qu'il s'agisse d'une figure de géométrie, d'un cercle par exemple. C'est de sa nature seulement, et non de la tournure de mon esprit, que je déduis tout le cortège de propriétés que j'y vois. Il s'agit uniquement de passer d'un terme déjà connu à un autre terme qui ne l'est pas encore, et par une exigence essentielle qui est dans le premier. Et, de ce chef, la même série de corollaires doit se retrouver toujours, quel que soit l'esprit qui cherche, quel que soit aussi le temps ou le lieu où se fait la recherche. Dans les sciences exactes, c'est l'objet et l'objet tout seul, qui règle l'attitude de la pensée.

A bien prendre les choses, il en va de même dans les questions de métaphysique ; et parce que le fond de la méthode ne change pas. Sans doute, sur ce nouveau domaine, les problèmes ont un aspect de complexité plus grand, bien que Leibniz, qui s'y connaissait, ait dit juste le contraire. On peut soutenir aussi qu'en métaphysique, les conclusions sont plus lointaines. On peut même ajouter que, toute vérification y devenant impossible, il manque toujours quelque chose à la démonstration. Mais cette série de remarques ne touche pas au procédé naturel qu'emploie l'esprit dans son désir de percer le mystère : il s'agit toujours, un terme étant donné, d'aller par une exigence que l'on y voit à un autre terme que l'on ne voit pas encore ; et l'on doit tenir pour hypothétique ou simplement probable, toute affirmation qui ne porte pas cette marque décisive.

Où donc est la place que l'on accorde si volontiers à notre manière de concevoir les choses ? Elle existe en fait ; elle est même considérable et le sera peut-être toujours. Elle n'en vient pas moins, et uniquement, d'une intervention du sujet dans l'objet qui est illicite et que nous pouvons empêcher. En droit, la logique de l'objet demeure, celle qui nous donne l'absolu ; et c'est l'idéal vers lequel il faut tendre. Disons-le avec Pascal, notre intelligence est faite « pour l'infinité ». Elle a pour région l'inconditionnel.

Cette conclusion me rappelle l'empire du roi Arctur dont parle Novalis. « Tout y est rigide, cristallisé, glacial : c'est le pôle nord de la création. Aux fenêtres, dans des vases d'argile, scintillent des fleurs de givre et de neige. Les remparts de la ville sont brillants et translucides. Devant le palais sont plantés des arbres métalliques et des fleurs de cristal, parmi lesquelles un jet d'eau pique sa grêle colonnette de glace. La mer lointaine a un éclat rigide, tandis que des clartés lunaires se jouent parmi les formes engourdies et fantastiques [1]. » Bien ! Mais qu'il apparaisse quelques rayons de soleil ; et c'en est fait de cette magie des frimas.

Ainsi de la logique subjective, le palais de

____

1. E. SPENLÉ, *loc. cit.*, p. 218.

glace derrière lequel on a voulu clore l'esprit humain. Créée par la critique, elle s'évanouit à la lumière d'une critique plus profonde; et la parole de Bossuet reprend toute sa force : « nos connaissances ne créent pas leurs objets, elles les supposent ».

CHAPITRE VIII

L'ÉDUCATION DE L'INTELLIGENCE

Sur le tablier de la métaphysique, nombreux sont les points de bifurcation où l'intelligence risque plus ou moins de mal aiguiller. Les préjugés de famille et ceux du milieu social, l'orgueil de l'esprit, notre manière individuelle de voir les choses : autant d'influences qui s'exercent en nous, sans même que nous nous en doutions, et qui nous inclinent à prendre la mauvaise voie.

Quel est donc le moyen d'échapper à tant de périls d'erreur et parfois si difficiles à discerner ? Je n'en connais qu'un qui puisse, sinon supprimer le mal, du moins le diminuer à l'indéfini : c'est une éducation bien comprise. Mais que faut-il entendre par là ? C'est le point que je vais essayer de mettre en lumière.

I

La chose importante n'est pas l'érudition, comme on pourrait le croire et comme le peuple le croit si facilement. A cet égard, les programmes actuels, plus ou moins imités de l'Allemagne et que domine encore l'esprit positiviste, représentent une grave et funeste déviation. Il ne s'agit pas du tout de savoir classer les cailloux qui roulent dans la forêt, ni de connaître les embranchements, d'ailleurs variés à l'indéfini, des espèces vivantes ; il ne s'agit pas non plus de posséder l'histoire de manière à pouvoir dire quel jour et à quelle heure tel capitaine fut tué dans telle bataille. Ces curiosités-là constituent des spécialités ; elles ne concernent pas l'éducation. Il est bon, sans doute, qu'elles soient représentées dans le milieu social et que le pouvoir en favorise la culture ; mais elles ne sont pas faites pour l'enfant, ni non plus pour le jeune homme, dont la tâche est de se former l'intelligence. L'érudition, dans l'École, réussit surtout à multiplier les demi-savants et les pédants, cette catégorie d'êtres détestables et souvent mauvais qui comptera toujours trop d'échantillons parmi nous.

« De vray, disait Montaigne en parlant de ses contemporains, de vray, le soing et la dépense de nos pères ne vise qu'à nous meubler la teste de science. Criez d'un passant à notre peuple : « O le savant homme ! » Et d'un autre : « O le bonhomme ! », il ne manquera pas à détourner les yeulx et son respect vers le premier. Il y fauldrait un tiers crieur : « O « les lourdes testes ! » nous nous enquerrons volontiers : « Sçait-il du grec ou du latin ? Escrit-il en vers ou en prose ? » Mais s'il est devenu meilleur ou plus advisé, c'estait le principal, et ce qui demeure derrière. Il fallait s'enquerir qui est le mieulx savant, non qui est le plus savant... Nous ne travaillons qu'à remplir la mémoire, et laissons l'entendement et la conscience vuides... nous scavons dire : « Cicéron « dit ainsi ; voilà les mœurs de Platon ; ce sont « les mots d'Aristote. » Mais que disons nous nous mesmes ? Que jugeons nous ? Que faisons nous ? Autant en dirait un perroquet. »

Vraies du xvie siècle, ces paroles s'appliquent aussi à tous les temps, plus encore au nôtre.

L'érudition ne vaut rien pour l'enfant dont elle embrouille le cerveau, fausse le jugement et développe la vanité. L'érudition ne vaut rien non plus pour le peuple qui n'a ni le temps, ni le don de se rendre compte des choses. L'érudition est essentiellement aristo-cratique.

Instruire le peuple, l'élever autant que possible au-dessus de son niveau coutumier, y répandre assez de lumières pour que chacun puisse discerner la valeur de ses idées et de ses croyances : telle a été l'une des tâches dominantes de Voltaire. On n'imagine rien de plus faux ni de plus pernicieux. Une science vulgarisée, mais c'est une science déformée, surtout quand les journaux se mettent de la partie. Une science vulgarisée, c'est un chaos de connaissances erronées ou incomplètes où l'on apprend à parler de ce qu'on ne sait pas bien, et qui vous inspire peu à peu l'audace de décider de tout. Une science vulgarisée, c'est à bref délai la corruption du bon sens public. Voyez, pour juger du fait, ce qui se passe dans le moindre de nos villages. Pour les gens du peuple, il n'y a plus de questions qui les dépassent ; tout le monde s'y croit assez fort pour parler de tout, et souvent avec d'autant plus d'assurance qu'on a moins d'esprit. L'existence de Dieu, l'immortalité de l'âme, le bien et le devoir, voire même les problèmes si complexes et si délicats d'économie et d'instruction publique : autant de sujets que l'on aborde sans crainte et sur lesquels on se juge compétent. N'a-t-on pas lu quelque chose là-dessus, au moins dans un périodique ?

Mais alors qu'entendez-vous ? la plus invraisemblable des cacophonies qui puisse affliger les oreilles d'un homme. Et comment voulez-vous que ce tintamarre perpétuel et circulaire ne finisse pas par troubler les convictions les plus fortes et les plus saines ?

Voilà, pris sur le vif, le résultat naturel d'une science vulgarisée : c'est l'anarchie des idées.

Je me rappelle à ce propos un passage de Platon qu'il me semble utile de vous citer. L'Égyptien Theuth vint un jour chez le Pharaon Thamus, pour lui proposer un certain nombre de découvertes dont la principale

était l'invention de l'écriture. « Parle, lui
dit le roi ; car, s'il t'appartient de faire l'éloge
de tes travaux, c'est à moi de juger de leur
utilité. » Or, l'examen uue fois terminé, voici
ce que Thamus répondit au sujet de l'écriture.
« J'y vois deux inconvénients : d'abord, elle
ne produira que l'oubli dans l'esprit de ceux
qui apprennent, en leur faisant négliger la
mémoire. Ils laisseront à ces caractères exté-
rieurs le soin de leur rappeler ce qu'ils auront
confié à l'écriture, et n'en garderont eux-mêmes
aucun souvenir. Mais ce n'est là que le moindre désavantage de ton art. Tu n'offres à
tes disciples que le nom de la science sans
la réalité ; lorsqu'ils auront lu beaucoup de
choses sans maîtres, ils se croiront de nom-
breuses connaissances, tout ignorants qu'ils
seront pour la plupart ; et la fausse opinion
qu'ils auront de leur science les rendra insup-
portables dans le commerce de la vie. Theuth,
garde ta découverte ; elle me ferait un peuple
de sophistes[1]. » Ainsi parlait Thamus, dix
mille ans peut-être avant le Christ ; il avait
déjà le sentiment profond des désordres incal-

1. PLATON, t. VI°, 121-122, éd. V. Cousin ; Paris, 1831.

culables que la demi-science peut produire dans une société.

J'assistais un jour à une séance de photographies colorées où défilait un certain nombre de paysages et de monuments égyptiens. Tout à coup, je vis un Pharaon du vieux temps étendu tout du long de son cercueil et la tête sur un large coussin de pierre. Il reposait là depuis des siècles et gardait dans l'immobilité de la mort quelque chose de la grandeur royale. Qu'eût-il répondu, s'il avait pu parler, à ceux qui venaient insolemment troubler son sommeil séculaire, en éclaboussant son front vénérable d'un jet de lumière électrique ? Je m'imagine qu'il eût entr'ouvert ses lèvres pour laisser tomber ces paroles de dédain : « Je suis heureux d'avoir précédé l'ère du *scientisme* ; nous valions mieux que vous ».

II

Non, il est temps, trop temps de sortir de l'erreur où l'on s'attarde et dont la presse ne fait qu'aggraver les conséquences. Nous en avons assez de l'homme qui « sait tout » ; il est le fléau de la société. Ce qu'il faut faire prévaloir chez l'élève, ce n'est pas la mémoire, mais l'entendement; ce n'est pas la science, mais l'intelligence. Peu importe l'étendue de son savoir, pourvu qu'il sorte de la main de ses maîtres avec un esprit juste et solide. L'érudition, pour lui, n'est pas le but; ce ne peut être qu'une matière au service de sa formation.

De là dérive une nouvelle manière de concevoir les programmes.

Non seulement il faut restreindre le nombre des auteurs que l'on propose à la jeunesse; mais il faut les choisir. C'est un devoir pour les maîtres de n'étudier avec leurs élèves et de ne recommander que les meilleurs génies dont s'honore la famille humaine, ceux dont la pensée est le plus forte et le mieux exprimée, ceux qu'on appelle les classiques. Et, au premier rang de cette galerie de l'immortalité, je n'hésite pas à placer les Grecs. Ils nous sont très supérieurs et par la robustesse de leurs pensées et par la finesse de leur sens esthétique et par la pureté de leur diction. Si loin que nous ayons poussé les mathématiques, à côté d'eux nous ne sommes encore que des barbares.

Aussi peut-on remarquer que l'imagination, cette mère du romantisme, ne prend jamais le dessus dans leurs écrits. Aristote ne fait pas de mythes; et, quand Platon en fait, il a une manière à lui d'en avertir le lecteur : « il y a cependant un fond de vérité dans ce récit, dit-il par exemple, ἀληθές τι ». Ou bien sa façon d'écrire indique suffisamment par elle-même qu'il ne s'agit pas de l'idée pure, telle que la raison la conçoit, mais d'un revêtement sensible de l'idée où le peuple peut trouver son bien.

Je m'imagine, malgré moi, que la théorie des animaux-machines, l'occasionalisme de Malebranche et l'harmonie préétablie n'auraient eu qu'un faible succès dans cette société où l'art se fondait sur un sens si juste et si profond du réel. Les enfants de « la Minerve aux yeux bleus » ne goûtaient que ce qui vient de la raison et demeure conforme à ses lois. De même et par suite, ils n'aimaient que ce qui est lumineux; toute trace d'obscurité leur apparaissait comme une marque d'impuissance. Aussi semble-t-il probable que les ombres épaisses que l'on rencontre en lisant la *Critique de la raison pure*, auraient eu beaucoup de peine à produire chez eux l'impression de la profondeur. Heureusement pour sa gloire, Kant est né en Allemagne, dans ce pays de brume et de frimas où l'idéal Hellénique n'a jamais pu s'épanouir dans toute sa pureté. Leibniz lui-même, qui aimait tant les Grecs, n'en demeure pas moins un Allemand : il y a des tares de race qui ne s'effacent pas.

Le culte des classiques : voilà le vrai moyen d'obtenir la force dans la justesse. C'est également celui de donner à l'intelligence la souplesse voulue pour pénétrer dans les doctrines les plus diverses et discerner la part de vérité qu'elles contiennent. « Timeo virum unius libri », dit-on quelquefois. Cette parole est fondée, mais dans un sens très différent de celui qu'on lui donne d'ordinaire : elle contient une critique, non un éloge.

On est tombé un beau jour sur la *Critique de la raison pure*. On s'en coiffe. Dès lors, on ne croit plus qu'à Kant ; de gré ou de force, il faut que tout se ramène à Kant. Les autres

penseurs, quels qu'ils soient, ne peuvent être
que de pâles étoiles, dans le ciel de l'esprit.
Un autre s'est familiarisé dès sa jeunesse
avec saint Thomas d'Aquin. Peu à peu, ce
génie est devenu un grand philosophe; il
a fini par être Le Philosophe, et d'autant
plus aisément que l'on n'en connaît pas d'autres.

Cet état d'esprit est on ne peut plus funeste : on y apprend à ne voir son idole que
d'un côté; et l'on devient inaccessible à
toutes les objections qui portent contre elle.
Je causais un jour avec un jeune religieux
de l'infinité numérique, ce problème où il est
si difficile de voir clair. J'essayais de lui faire
entendre qu'une série actuelle et infinie est
une contradiction dans les termes. Il m'écou-
tait d'un air distrait et me trouvait sans doute
un peu profane. Ma démonstration ne prenait
pas; elle n'entrait pas dans ce cerveau tout
féru de syllogismes à la dominicaine. Un autre jour, je faisais remarquer à un autre religieux, supérieurement doué, celui-là, et lon-
guement familiarisé avec la doctrine d'Aristote, que, au lieu de concevoir la cause
comme un contenant qui donne de son contenu,

il serait peut-être plus juste d'en faire un agent producteur qui donne précisément ce qu'il n'a pas. Je croyais u moins que, si l'objection n'avait pas porté, j'étais parvenu à la faire comprendre. Au bout de trois mois, je reçus du savant religieux une lettre où je trouvais l'énumération des quatre causes du Stagirite, avec cette simple addition : Aristote a donc tout prévu, même la théorie de M. Bergson.

Se choisir un maître à l'exclusion de tout autre, c'est se mettre des lunettes à couleur que bientôt l'on ne pourra plus quitter; c'est se condamner à voir tout en jaune, si les lunettes sont de cette teinte. A force de raisonner dans le même sens, on se constitue le captif de ses propres raisonnements; l'intelligence, dans cet exercice, finit par devenir unilinéaire comme l'instinct : au bout d'un certain nombre d'années, elle ressemble à l'abeille qui se trouble et ne sait plus où donner de la tête, dès qu'on l'arrache à la construction de ses merveilleuses alvéoles·

Il n'y a qu'un moyen d'empêcher cette sorte de cristallisation de l'esprit, c'est de se familiariser avec toutes les grandes figures du

Panthéon philosophique. La pensée, alors, brise sa coque individuelle, celle qui lui vient de la nature, de l'éducation ou de la race. Elle acquiert une aptitude croissante à se mouvoir dans les sens les plus divers, à discerner ce qu'il y a de vrai sous les différentes formes de la spéculation métaphysique. Elle comprend toujours plus; et, du même coup, elle comprend toujours mieux.

On me dira peut-être que ma manière d'entendre la formation des intelligences, ce n'est au bout du compte qu'une forme déguisée du dilettantisme. L'objection manque son adresse; elle ne porte pas contre la théorie que j'ai l'honneur de vous soumettre. Est-ce qu'il ne faudra pas toujours faire de l'histoire, ne serait-ce que pour avoir la mise au point des problèmes que l'on veut traiter? Est-ce que l'histoire, d'ailleurs, n'a pas par elle-même sa portée dogmatique, et d'autant plus grande qu'on ne s'attache pas à construire des têtes de turc pour mieux les démolir; d'autant plus grande que les systèmes y sont présentés d'une manière plus objective. « Exposer une doctrine, disait l'Abbé de Broglie, c'est la meilleure façon de la critiquer. » Cette parole profonde n'a pas encore perdu sa valeur.

Le dilettantisme, je le laisse pour ceux qui ont perdu jusqu'au souci de la vérité; je le laisse pour ceux qui ne croient plus à rien. Ce fruit pestilentiel de notre décadence sociale n'est jamais entré dans le jardin de mon âme.

*
* *

Ces quelques remarques sur la formation de l'esprit nous font comprendre la tâche qui revient au professeur.

Tenir l'élève en contact perpétuel avec les classiques, le faire pénétrer peu à peu jusqu'au fond de leur pensée, lui permettre ainsi de changer en sa propre substance ce qu'ils ont dit de « bon et de beau » : voilà le vrai rôle du maître. Il ne s'agit donc pas de lire des introductions, si justes soient-elles; il ne s'agit pas non plus de faire des cours sur les auteurs ou sur des livres dont les auditeurs n'ont pas même vu la couverture. Ces preuves d'érudition ne sont jamais bien comprises, et parce qu'elles n'ont ni matière ni contrôle. De plus et surtout, elles portent sur le cadre; et c'est la toile qu'il faut faire connaître.

Qu'on se rappelle donc l'exemple de Bossuet et celui de Fénelon. Ils s'étaient imbu l'esprit, l'un d'antiquité latine, l'autre d'antiquité grecque. Ils en citaient par cœur de longs fragments et leur prose était remplie de tours et d'expressions où l'original préféré se laissait encore apercevoir. Ceux-là ne s'étaient pas contentés du cadre. Ils avaient regardé aux chefs-d'œuvre : ils s'en étaient nourris, ils s'en étaient imprégnés; et c'est là ce qui faisait le meilleur de leur force.

Il faut donc que le professeur possède à fond ses auteurs classiques; il faut de plus qu'il connaisse très bien l'histoire de la littérature et même un peu de grammaire; car, au cours de ses explications de textes, il rencontrera nombre de difficultés qui ne peuvent s'éclairer que par là. Le professeur doit avoir subi lui-même une longue et laborieuse formation. C'est à ce prix seulement qu'il peut obtenir la maîtrise et la maturité d'esprit que requiert sa fonction d'initiateur. C'est à ce prix seulement qu'il peut exercer sur ses élèves une action profonde et durable, leur laisser son empreinte.

On voit par là même ce qu'il faut penser de

la routine qui a sévi trop longtemps parmi nous. Nommer professeur d'histoire un homme qui a passé vingt ans de sa vie à dérouler des formules mathématiques sur un tableau noir ; professeur de philosophie, un jeune abbé qui connaît à peine quelques vieux manuels démodés ; et professeur d'exégèse, un ecclésiastique qui, jusqu'à ce jour de grande surprise, ne s'est occupé que de cuisine et de farines : voilà un procédé qui ne mérite que le sourire du dédain, tant il est contraire aux règles les plus élémentaires de la pédagogie. Vraiment, les gens qui le pratiquent ont la foi plus forte encore que celle du vieil Abraham, et l'on voit bien que le miracle ne coûte rien à leur esprit. Ils ont adopté, pour concourir à la renaissance religieuse, un mode d'éducation dont l'effet naturel ne peut être que de produire des eunuques de la pensée. Jette-toi donc en bas, disait le tentateur au Christ après l'avoir transporté sur le pinacle du Temple ; les anges descendront du ciel et te garderont de tout mal. — « Tu ne tenteras pas ton Dieu, répliqua simplement le Seigneur. » Se peut-il qu'on ait oublié à ce point cette profonde réponse ? Se peut-il que, pour un chrétien, la vraie devise ne soit plus de prier, comme si la prière était tout, et d'agir, comme si elle n'était rien?

III

Les dangers que court l'intelligence ne lui viennent pas tous d'elle-même; elle en trouve d'autres dans cette légion de penchants qui travaillent sans relâche au dedans de nous et qui se ramènent à l'amour-propre.

Il faut donc descendre dans la région qu'habite ce « monstre garni de plusieurs têtes » et l'assujettir à la loi de l'ordre.

Renoncez à vos plaisirs, renoncez à vos passions, apaisez vos instincts. Mettez-vous à l'œuvre avec vaillance; et, par une lutte méthodique et continue, faites descendre la discipline de la raison dans cette partie infé-rieure de votre cité d'où viennent toutes les révoltes. Vous aurez alors les conditions voulues pour connaître les choses et vous connaître vous-mêmes. C'est dans le calme que la vérité se fait entendre, et parce qu'il n'y a plus rien qui puisse altérer la pureté de sa voix.

Tel est le sentiment unanime des grands moralistes du xvii° siècle. Telle est en particulier l'idée directrice des *Pensées*. J'insiste sur ce dernier point pour vous faire mieux comprendre ma manière de voir.

Elles sont étranges, les antinomies que Pascal a cru découvrir dans la raison humaine. D'un côté, il proclame, et avec une force étonnante, son impuissance radicale. « Ce n'est point ici le pays de la vérité; elle erre inconnue parmi les hommes; Dieu l'a couverte d'un voile. » « Incompréhensible que Dieu soit, et incompréhensible que Dieu ne soit pas... Rien n'est purement vrai; et ainsi rien n'est vrai »; « quel monstre que l'homme?... dépositaire du vrai, cloaque d'incertitudes et d'erreurs. » « Humiliez-vous, raison impuissante. » D'autre part, Pascal affirme avec une égale assurance la valeur hégémonique de ce pouvoir de connaître, d'induire et de déduire. « Les principes se sentent, les propositions se concluent, et le tout avec certitude. » « C'est la voix constante de la raison, et non pas des autres, qui vous fait croire. » « C'est dans la pensée que consiste toute notre excellence. » « Il est absurde que l'homme n'agisse point par la raison, qui fait son être. »

Comment s'expliquent des affirmations si violemment contradictoires?

Les uns ont répondu : Pascal est un sceptique à la Pyrrhon; d'autres : C'est un croyant désespéré qui se cramponne à sa foi. D'aucuns, au contraire, l'ont présenté comme un dogmatiste, qui, dans le fond, n'a pas moins de confiance en la raison humaine qu'un Platon ou qu'un Leibniz, bien qu'il mette à s'énoncer un accent plus dramatique où l'on sent vibrer toute son âme.

Chacune de ces hypothèses a l'inconvénient de ne révéler qu'un aspect de ce génie multiple. Il n'y a qu'un moyen de comprendre Pascal, c'est de ne pas lui prêter les préoccupations de notre temps, c'est de le replacer dans son siècle et de le regarder uniquement du point de vue qui fut le sien. Or, lorsqu'on emploie cette méthode, la seule qui soit vraie, voici comment se concilient les antinomies que l'on vient de noter.

Les pensées où Pascal fait le procès de la raison, se rapportent à l'homme déchu : elles montrent l'état d'imbécillité et de décrépitude où le péché l'a réduit. Les autres ont trait à l'homme racheté : elles font voir comment le retour à la foi nous rend la justesse et l'intégrité de nos facultés naturelles. Sentez donc la profondeur de votre misère, dit Pascal aux incrédules de son temps. Quittez vos plaisirs. Dieu pénètre dans l'âme, à mesure que le calme des passions s'y fait, à mesure surtout que la superbe de la raison reconnaît son néant. Et plus Dieu avance, plus sa lumière purificatrice s'irradie à travers nos énergies; plus elle les redresse et les affermit. Faire le silence en soi-même, c'est retrouver Dieu; c'est s'établir dans la « vérité et la vie ».

« Première partie : misère de l'homme sans Dieu. Seconde partie : félicité de l'homme avec Dieu. » Voilà l'idée maîtresse des *Pensées*.

Je tire maintenant la conclusion générale qui sort de cette méditation philosophique.

L'intelligence humaine a le moyen de marcher droit : il est possible d'éviter l'erreur.

1. *Pensées*, XXII, 1, éd. Ern. Havet, Paris.

Préjugés de famille et de race, courants d'idées sociales, orgueil de l'esprit, structure individuelle de la raison : autant d'obstacles que nous sommes capables de surmonter, en conduisant nos pensées avec une extrême rigueur. Idéalement, il nous est permis d'aspirer à une conquête de moins en moins fragmentaire de la vérité. Mais, pratiquement, il en sera toujours de l'erreur, comme du péché : elle tiendra toujours une grande place dans la vie de l'homme déchu. Ils sont si rares, ceux dont l'esprit a été bien formé! et il en est tant dont la déformation est plus ou moins foncière! je ne parle pas des charlatans et des imbéciles qui fourmillent parmi nous et dont le rôle est parfois si considérable.

CHAPITRE IX

ACTION SOCIALE DES IDÉES

L'éveil de l'intelligence chez l'individu, les lois qu'elle doit suivre dans sa marche en avant, les dangers qu'elle rencontre sur sa route et le moyen de les éviter : tels sont les sujets que l'on a traités jusqu'ici. Mais ils ne suffisent pas à vider le problème.

L'intelligence ne vit point enfermée dans sa demeure, comme un autre Polyphème au fond de son antre. Elle est essentiellement communicative : elle agit sur le milieu social; et la question est de savoir quelles sont la nature et l'étendue de cette action d'ordre extérieur.

I

« Rien n'est fort comme la vérité », nous répondent les optimistes. Proclamez-la bien

haut, confessez-la sans relâche; et vous aurez
le dessus. La vérité n'éprouve jamais que des
défaites apparentes ou transitoires; à la fin,
c'est elle qui l'emporte et pour de bon. Ainsi
parlent Platon et Aristote, ainsi parlent à
leur tour Descartes et Leibniz. Tel est aussi
le langage des philosophes chrétiens : ils
croient comme d'instinct que la vérité suffit à
son propre triomphe.

Cependant, les choses ne sont peut-être pas
aussi simples. Pour qui se donne la peine
d'analyser les faits, rien n'est complexe et
tortueux comme l'irradiation de la vérité à
travers le mystère des âmes.

« Tu dois », nous dit l'impératif catégorique;
« tu dois », si haut que proteste ta sensibilité
et quoi que tu puisses souffrir dans tes inté-
rêts ou ta propre personne : « il le faut ». Dès
que le devoir nous est connu, il s'impose et
sans condition; ses ordre sont absolus. Grande
et belle chose que ce dictamen direct de la
loi morale à la raison; mais, quand il parle
tout seul du haut de son sinaï, quand il n'é-
veille aucune sympathie dans la sensibilité,
il n'a que très rarement une influence décisive.
Kant lui-même n'a-t-il pas dit qu'il n'y a

peut-être jamais eu dans le monde un acte absolument vertueux?

Il faut en convenir, vu les leçons que nous donne à chaque instant le spectacle de la vie humaine : l'amour pur du vrai n'est pas plus fort que l'amour pur du bien; d'ordinaire, ce n'est pas à lui que revient la victoire. On en peut donner pour exemple la crise scientifique dont nous sortons. Savoir pour prévoir et prévoir pour pouvoir, établir de plus en plus notre empire sur la nature, l'asservir tout entière à nos multiples besoins : c'est le vrai chemin qui mène au bonheur. L'Éden ne se trouve pas au commencement, il faut le placer à la fin. Peu à peu, la tendance au meilleur, qui est comme l'âme du monde, adaptera l'homme avec lui-même et son milieu. L'harmonie s'établira dans la vertu; et nous serons heureux. Voilà le cri d'espérance que l'on a répété pendant plus d'un demi-siècle. Et l'on sait le prodigieux enthousiasme que ce nouvel évangile a provoqué d'un bout du monde à l'autre. Mais la séduction s'est bien vite ralentie. On n'a pas tardé à s'apercevoir que la science aiguise et multiplie nos désirs, au lieu de les satisfaire; on a fini par se rendre compte en même temps que la science est surtout entre les mains du plus fort une arme d'asservissement brutal à l'égard des plus faibles. La joie dans l'indépendance, l'Éden : quelle étrange naïveté! En fait, on a trouvé la civilisation tout entière armée contre elle-même, munie, pour mieux s'entre-tuer, des nombreux engins de destruction que la science a découverts : on s'est vu brusquement en face de la plus terrible des barbaries.

Dès lors, on est revenu de l'utopie si long-temps en honneur : le charme s'est rompu. A quoi bon la science, s'est-on dit, puisque, sur l'arbre de vie, elle ne fait pas éclore le fruit de joie; puisque, loin de concourir au bonheur, elle n'aboutit qu'à préparer une plus ample moisson de souffrances! Elle vaut moins encore qu'une pyramide dans son désert.

Ce mode de réplique est général. La vérité n'a plus ou presque plus d'amants, quand elle est seule à faire valoir son autorité : les hommes cessent alors d'être touchés de sa beauté cristalline ou du prix qu'elle peut avoir. Il en est comme de la lumière des étoiles sur les transatlantiques qui traversent l'océan : elle éclaire; ce n'est pas elle qui meut.

Telle est la règle, à moins qu'il ne s'agisse d'une élite littéraire et philosophique, comme celle du xvii° siècle par exemple. L'écrivain est alors un pair parmi ses lecteurs, il est de leur famille par la qualité de son esprit et son culte du vrai et du beau ; et grâce à cette sorte de parenté intellectuelle, il fait acueillir ses œuvres comme l'objet d'un noble exercice ou à titre de divertissement. Mais directement, son influence ne dépasse pas ce milieu restreint qui seul est à même de le comprendre et de le goûter. Cette action est d'ailleurs d'ordre tout esthétique. S'il s'aventure sur le domaine des innovations à faire dans l'État, c'est « presque toujours en évitant de rechercher l'application immédiate et la pratique sérieuse ». Fénelon est peut-être celui qui est allé le plus loin sur cette voie ; et l'on sait qu'il a fallu de longues années pour qu'il fût compris et suivi.

II

Mais, si la vertu propagatrice des idées ne tient pas à la part de vérité qu'elles contiennent, d'où vient-elle donc ? Faut-il l'attribuer à la puissance de conception que l'auteur révèle dans son œuvre? D'aucuns l'ont pensé et défendu. Ce qui fait l'efficacité d'un livre, dit l'Abbé J. Martin, « c'est la manifestation d'une force intellectuelle; et une fois que cette force existe, rien de ce que l'on peut dire sur la manière dont elle s'exerce ne la supprime ». Kant, par exemple, ajoute le même auteur, « n'a rien fondé ni rien détruit dans *la Critique de la raison pure* »; il « a seulement manifesté son scepticisme à lui ». Mais son œuvre traduit la puissance de son génie; et c'est là ce qui la fait lire; c'est là ce qui la recommandera toujours à l'attention du public. Il en va de l'ordre intellectuel comme du règne animal : la vie seulement communique la vie [1].

Cette théorie contient une bonne part de vérité; mais elle ne correspond pas de tous points à la complexité des faits : il s'en faut.

Sans doute, l'impression du génie, c'est quelque chose de puissant et qui demeure, soit à cause de la maîtrise qui distingue sa manière, soit à cause de la fécondité des aperçus qu'il mêle à ses écrits, même quand l'erreur

1. *Loc. cit.*, 258-259; 260-261.

en fait le fond. Il faut remarquer pourtant que l'efficacité de ses œuvres n'est pas toujours proportionnelle à leur originalité. Chez les Grecs du IVe siècle avant notre ère, l'Académie et le Lycée ne comptaient guère plus que les écoles d'Aristippe et d'Antisthène; et l'on sait en particulier que les manuscrits d'Aristote sont restés pendant deux cents ans enfouis dans une cave, livrés sans scrupule à l'action destructrice des forces de la nature : tant on se souciait peu du trésor d'idées immortelles que pouvaient contenir ces vieux papiers! Voilà comment les intelligences que nous portons si haut et qui sont de fait les directrices de l'humanité, ont été comprises du peuple le plus spirituel qui fut jamais.

Le génie ne suffit pas à se faire valoir lui-même, du moins autant qu'il le mérite. Au contraire, des esprits de second ordre réussissent parfois à se créer auprès de leurs contemporains une réputation sans égale. J'en donne pour exemple Christian Wolf, le correspondant et l'ami de Leibniz. « Ludovici, dont l'histoire s'arrête en 1737, énumère déjà cent sept philosophes ou écrivains à la Wolf. » Les Académies de Paris et de Saint-Pétersbourg le nomment membre d'honneur. Pierre le Grand essaie de l'attirer en Russie. On l'appelle en Suède; et ses ouvrages sont traduits en plusieurs langues vivantes : ce qui était rare à cette époque pour un écrivain allemand.

En Allemagne même, il se forme toute une série de sociétés dont le but est de propager sa doctrine, particulièrement à Weissenfels, à Leipzig, à Stettin, dans la Lusace. Gottsched publie ses *Éléments de philosophie* où est résumée la pensée de Wolf; et, pour les lecteurs qui auraient redouté ce livre comme trop abstrait, Formey, professeur au gymnase français de Berlin, écrit la *Belle Wolfienne*. « La philosophie de Wolf, écrit Edelmann en 1740, est tellement à la mode, même parmi les femmes, que c'est un engouement, une folie. Dès que deux ou trois personnes sont réunies, on peut être sûr que le dieu Wolf se trouve aussi parmi elles [1]. »

Quelle était donc la puissance de conception de cet heureux écrivain! De quelle originalité faisait-il preuve pour devenir l'idole de l'Eu-

---

1. Lévy-Bruhl, *L'Allemagne*, p. 59, 63-65, Paris, 1907.

rope entière ! Il n'en avait pas ou presque pas, il se bornait « à mettre en petite monnaie, et quelquefois en billon, les lingots d'or de Leibniz[1] ». Son style par ailleurs n'avait pas la riche limpidité d'un vin généreux ; sa transparence était plutôt celle d'une source d'eau claire.

III

Ni la lumière de la vérité, ni la force avec laquelle on la dit ne suffisent à remuer l'âme d'une société ; il y faut des mobiles moins hauts et qui directement ne s'adressent pas à l'esprit. Les livres qui mordent sur les masses sont ceux qui correspondent aux aspirations du milieu : pour agir auprès du grand nombre, il faut éveiller des sympathies dans la sensibilité publique.

Qu'est-ce qui explique le succès de la philosophie cartésienne, à la fois si subit, si vaste et si durable ? C'est moins la force de ses thèses qui, pour la plupart, sont au contraire très fai-

1. MAINE DE BIRAN, *Exposition de la doctrine philosophique de Leibnitz*, p. 16, Paris, 1819.

bles, que la nouveauté même du fait. C'était fini de la scolastique ; elle s'était perdue à force de subtilités et ne gardait plus aucune autorité sur l'opinion. D'autre part, le culte de la littérature gréco-romaine, la découverte du Nouveau-Monde, les récits toujours plus nombreux des voyageurs avaient éveillé dans les esprits l'idée d'une humanité plus vieille et plus vaste pour laquelle la pensée du moyen âge ne semblait pas faite. Le *Discours sur la méthode* parut ; et chacun s'écria comme d'instinct : voilà ce qu'il nous fallait ; voilà ce que nous cherchions. Descartes avait réussi, parce qu'il était venu dire tout haut ce que tout le monde désirait tout bas et confusément.

Il y a quelque chose d'analogue et de plus frappant encore dans l'influence qu'a exercée J.-J. Rousseau sur son siècle.

On se rappelle la doctrine du *Contrat social*. L'homme est libre, il l'est par essence ; si bien que « renoncer à sa liberté, c'est renoncer à sa qualité d'homme, aux droits de l'humanité, même à ses devoirs » [1].

Le Pacte social n'est ni une abdication, ni

1. P. 243-244, éd. Garnier, Paris ; cf. p. 254.

même une mutilation des droits de l'individu; il consiste simplement en ce que « chacun de nous *met en commun* sa personne et toute sa puissance sous la suprême direction de la volonté générale[1] ».

Le souverain n'agit... que par les lois; et, les lois n'étant que des actes authentiques de la volonté générale, « le souverain ne saurait agir que quand le peuple est assemblé[2] ». Il n'a qu'un pouvoir exécutif.

D'autre part, « les dépositaires de la puissance exécutive ne sont point les maîtres du peuple, mais ses officiers; il peut les établir et les destituer quand il lui plaît »; « il n'est point question pour eux de contracter, mais d'obéir[3] ».

Tout est résilié le jour où le pacte social subit « la moindre modification »; « chacun alors rentre dans ses droits et reprend sa liberté naturelle[4] ».

Ainsi parlait J.-J. Rousseau; et sa doctrine a été comme le code de la grande Révolution.

1. *Op. cit.*, p. 217-218.
2. *Ibid.*, p. 302.
3. P. 310.
4. *Ibid.*, p. 247.

C'est un point sur lequel les historiens tombent d'accord. « L'influence de J.-J. Rousseau, dit Paul Janet, a été toute-puissante sur les actes essentiels et fondamentaux de la Révolution [1]. » Puissant, Rousseau l'a été autant que Voltaire, écrit H. Taine de son côté, et l'on peut dire que la seconde moitié du siècle lui appartient [2]. » Identique est l'appréciation que l'on trouve sous la plume de W. Windelband. A son sens, les écrits de Rousseau « ont plus que ceux de tout autre préparé la Révolution française. Elle ne fut que l'application de ses enseignements [3] ».

A quoi tenait donc cette sorte de fascination publique? Qu'y avait-il de si pressant dans la théorie sociale du philosophe de Genève? Rousseau venait dire enfin ce que l'on commençait à vouloir, quoique confusément, dès le XIe siècle, ce dont le besoin n'avait fait que s'aiguiser de jour en jour au contact d'une expérience plusieurs fois séculaire. Rousseau traduisait, dans son style

1. *Histoire de la science politique*, t. II, c. VII, p. 613, Paris, 1872.

2. *L'Ancien Régime*, l. IV, c. I, p. 354, Paris, 1887.

3. *Die geschichte der neueren philosophie*, t. I, p. 439, Leipzig, 1907.

éloquent, les aspirations les plus vieilles et les plus profondes du peuple français. Liberté, égalité, fraternité : autant de mots qui retentissaient chez tout le monde comme une caresse de l'espérance; et c'est là ce qui produisait l'entraînement général.

J'ajoute un exemple plus récent, pour mieux éclairer mon explication.

A partir de 1863, les théories éclectiques ont décidément le dessous. Deux systèmes s'élèvent à la fois pour les remplacer : le kantisme et le positivisme. Et, bien que très différentes par l'esprit qui les anime, ces deux philosophies exercent un empire de plus en plus grand sur la société. Pourquoi? Parce qu'elles répondent l'une et l'autre au même besoin. On s'est habitué depuis longtemps déjà à la pensée que le christianisme n'a pas de quoi retenir un esprit cultivé, qu'il est bon tout au plus pour les femmes et les enfants : Presque tout le monde, dans les classes dirigeantes, s'accorde sur ce point. D'autre part, les assertions éloquentes, mais vagues de Victor Cousin, ses chevauchées dans le domaine de l'absolu ne conservent à peu près plus aucun crédit. Le prestige toujours croissant de la science, la rigueur et la fécondité de ses méthodes ont donné au public un autre sens de la recherche de la vérité. Il fallait donc une philosophie nouvelle, indépendante à la fois de la religion et de la métaphysique, une philosophie qui se bornât modestement aux faits et aux lois des faits. C'est précisément ce que Kant et Comte apportaient l'un et l'autre, bien que sous deux modes très divers : ils donnaient à leur siècle ce dont leur siècle croyait avoir besoin.

A côté de nos aspirations plus ou moins éphémères, il en est de profondes qui tiennent aux racines de l'âme et qui, de ce chef, sont constantes comme l'âme elle-même. C'est par elles que s'est divulguée la doctrine de certains grands génies, tels que Platon et Aristote. S'ils n'avaient eu, pour se faire connaître, que la profondeur de leurs pensées et la perfection de leur style, leur réputation n'aurait pas dépassé de beaucoup un petit groupe de méditatifs qui recherchent surtout la joie de la contemplation; à peine quelques fragments de leurs œuvres auraient-ils réussi à pénétrer dans nos écoles pour les besoins de la jeunesse. D'où vient donc qu'ils sont si généralement connus? A quoi tient que nous en sommes tous nourris et comme imprégnés?

La chose s'explique surtout par l'emploi qu'en ont fait au cours des temps les différentes formes de la croyance religieuse.

C'est Philon le Juif, ce sont les Pères de l'Église qui ont rompu le cercle presqu'uniquement scolaire de l'influence platonicienne et l'ont ouvert de plus en plus à la grande lumière. Ils se sont aidés de la doctrine de ce grand païen pour défendre la rationalité de leurs dogmes religieux; dès lors, les deux choses sont allées de pair : philosophie et foi ont eu la même sphère d'action.

Ce concours de la religion est plus manifeste encore dans l'extension de la pensée Aristotélicienne. De Rabbi le Saint qui vivait au second siècle de notre ère, à Hasdaï Crescas qui remplit de son nom la seconde moitié du XIIIe siècle [1], les Israélites ne cessent d'utiliser Aristote dans l'interprétation

1. L. GERMAIN-LEVY, *Maïmonide*, p. 33 et p. 240-241, F. Alcan; Paris, 1911 (*Collection des grands Philosophes*).

de la Bible ; c'est là le grand maître auquel ils reviennent toujours. Il y a une scolastique Juive.

Dès le premier siècle de l'ère chrétienne, les Syriens se mettent à traduire les œuvres des philosophes grecs, principalement celles d'Aristote ; et ce travail ne fait que gagner en extension jusqu'à l'avènement du Mahométisme [1]. Les Arabes, alors, prennent contact avec cette littérature qui s'est déjà développée pendant cinq siècles. Ils s'en servent pour l'interprétation du Coran ; et naturellement, c'est le Stagirite qui tient la place dominante dans cet ordre de préoccupations : c'est visible surtout chez Avicenne et Averroës. Il y a une scolastique mahométane.

Au commencement du XIIIe siècle, la poussée de la civilisation arabe devient si forte que l'on ne sait plus comment se défendre. Le danger, ce n'est plus le cimeterre qui a fait tant de ravages dans le passé ; c'est la philosophie d'Aristote commentée par Averroës, la philosophie de ce vrai naturaliste auquel on a jusqu'alors fermé l'entrée du

1. LE BARON CARRA DE VAUX, *Avicenne*, p. 44-45, F. Alcan, Paris, 1900 (*Collection des grands Philosophes*).

Temple. Prenons leur capitaine, répond bravement saint Thomas. Et la scolastique chrétienne commence pour de bon : il s'agira désormais d'adapter la pensée du Stagirite aux exigences de nos dogmes. Il y a donc trois scolastiques, au lieu d'une ; et c'est faire mentir l'histoire que de mentionner uniquement celle qui s'est créée en notre faveur.

Mais je ne perds pas le fil de mon discours. Portée sur les ailes de la religion, intimement liée à l'interprétation et par là même aux vicissitudes historiques de trois dogmes différents, la pensée d'Aristote s'est répandue dans l'univers entier et jusques dans l'âme de la jeunesse. Or, que représente la religion, quels que soient d'ailleurs ses fondements historiques ? Une aspiration de l'âme à dépasser les frontières de la nature pour communier à l'éternité divine, un besoin fondamental de jouir enfin d'une existence meilleure et dont la durée n'ait pas de limite. La religion est la forme supérieure du vouloir-vivre. Et c'est à ce point que je trouve la justification de ma doctrine : les idées se propagent surtout par la vigueur des sentiments qu'elles provoquent.

IV

Il faut donc le conclure, bien que ce soit un aveu très humiliant pour notre espèce : ici-bas, la force de la vérité ne suffit pas à la faire prévaloir ; son succès dépend surtout de la manière dont elle meut notre sensibilité. Nous n'avons pas de « mètre », comme le disait Pascal ; ou si nous en avons un, ce n'est pas sur cet étalon que l'on décide en dernier ressort. Par suite, il faut s'attendre à voir fleurir et prospérer à l'indéfini les doctrines les plus erronées. C'est ainsi que s'est introduit le mahométisme, bien que Mahomet n'ait jamais fourni aucune preuve de sa mission divine ; c'est ainsi qu'a triomphé le protestantisme, en dépit de sa rupture visible avec la tradition de l'Église. Le courant des idées et des aspirations du temps était le plus fort, et tout a été décidé.

A quoi tiennent ces graves écarts ? A l'étonnante faiblesse de notre raison. C'est le procès de Pascal contre « l'homme déchu » qui se justifie à la lumière de l'histoire. « Ce n'est point ici le pays de la vérité; elle erre inconnue parmi les hommes. » « L'homme n'est qu'un sujet plein d'erreur, naturelle et ineffaçable sans la grâce. » « Nous sentons une image de la vérité et ne possédons que le mensonge; incapables d'ignorer absolument et de savoir certainement. » « Quelle chimère est-ce donc que l'homme? Quelle nouveauté, quel monstre, quel chaos, quel sujet de contradiction, quel prodige? Juge de toutes choses, imbécile ver de terre, dépositaire du vrai, cloaque d'incertitude et d'erreur, gloire et rebut de l'univers. Connaissez donc, superbe, quel paradoxe vous êtes à vous-même. Humiliez-vous, raison impuissante; taisez-vous, nature imbécile. Apprenez que l'homme passe infiniment l'homme, et entendez de votre maître votre condition véritable que vous ignorez. Écoutez Dieu. »

Mais alors, faut-il donc renoncer à l'idée du progrès indéfini, à l'espérance en cette marche vers le meilleur qui doit s'achever par une harmonie générale de toutes choses? Le progrès indéfini! en fait, nous en sommes loin. Il est bon cependant de dire quelques mots sur ce problème qui a si fortement passionné la seconde moitié du dix-neuvième siècle.

Dans la civilisation indo-européenne, le progrès des sciences mathématiques et même des sciences de la nature est un fait incontestable; on peut ajouter qu'il s'y est également révélé un certain progrès métaphysique : du vieux Thalès jusqu'à nous, les questions, sur ce domaine, ont fini par se poser d'une manière plus précise et plus profonde. Il y a même des raisons solides de croire que, dans toute peuplade primitive qui se mettrait à réfléchir, il se produirait aussi un phénomène analogue, à moins que certaines circonstances extérieures ne vinssent arrêter cette évolution naturelle des choses. Mais de croire que cet effort vers le mieux finira par s'étendre à toute la terre et s'y fixer pour toujours dans la conquête de l'ordre, ce n'est rien de plus qu'un rêve de primaire. Où a-t-on pris que la vie humaine doit suivre à l'indéfini une marche progressive? Il s'est écoulé des milliers de siècles avant nous, que nous ignorons complètement; il s'en écoulera probablement un plus grand nombre après nous, qui ne nous sont pas moins impénétrables. Notre expérience n'est qu'un éclair dans la profondeur d'une nuit éternelle. Dès lors, comment essayer de prévoir le chemin que prendra l'humanité dans son voyage à travers l'infini ? Ce n'est pas plus sensé que de vouloir décrire la forme et la grandeur d'un continent, pour en avoir touché le littoral en descendant d'un bateau.

Je reviens à Pascal pour la troisième fois. Si vous voulez savoir le sens et la valeur de la vie, faites intervenir une Providence toute-puissante : « écoutez Dieu »; lui seul peut « démêler cet embrouillement ».

CHAPITRE X

L'AVENIR DE L'INTELLIGENCE.

Notre enquête est terminée. L'éveil de l'intelligence chez l'enfant, son demi-sommeil chez le primitif où domine encore la forme mythique de la conscience, sa prise de possession par elle-même dans les peuples civilisés, les lois qu'elle doit suivre dans sa marche et dont l'éducation peut lui donner l'habitude libératrice, la nature et l'étendue de son rayonnement social : autant d'aspects de la question qui se sont présentés l'un après l'autre et que nous avons étudiés. Maintenant, l'heure est venue de dégager la conclusion qu'entraîne cette longue série de recherches : il faut voir avec plus de précision quelle est la place qui revient à l'intelligence dans la direction de la vie.

I

On connaît la réponse des Grecs à ce problème capital : « Rien n'est fort comme la raison. » On peut et l'on veut dans la mesure où l'on sait. Peu à peu, l'action purificatrice de l'intelligence descend jusqu'à la racine de nos instincts, leur impose sa discipline et fait triompher la justice. Telle est la solution du vieux Socrate, de Platon, son génial disciple, et d'Aristote lui-même, bien qu'il ait senti plus vivement que ses prédécesseurs la force considérable de l'élément passionnel. Et, en parlant ainsi, ces grands hommes ne faisaient que traduire la pensée de tous les Hellènes, celle que représente la Minerve du frontispice du Parthénon. On retrouve la même manière de voir dans Descartes, Spinoza et Leibniz principalement qui suit de si près, en cette matière, la croyance des Grecs. Tous les grands intellectualistes ont toujours soutenu plus ou moins rigoureusement que « la raison ne se laisse pas vaincre », qu'elle domine tout, finit par suffire à tout. Bien vivre, pour eux, se réduit à savoir.

Vu les progrès de la psychologie, il est difficile, à l'heure actuelle, de défendre entièrement ces fières affirmations. Mais il en reste, entre autres choses, une idée fondamentale qui trouve ici sa place : c'est que l'intelligence nous assure la supériorité dans l'action et finit toujours, dans l'ordre des doctrines, par mettre la victoire de son côté, que l'on veuille bien retenir ces deux points.

*
* *

D'abord, c'est par l'intelligence que l'on se rend compte de toute situation donnée ; la sensation n'y suffit pas, à moins qu'elle ne soit hypocritement imprégnée de raison : ce qui est sans doute le cas pour « l'intuition » de M. Bergson. Car connaître le présent, c'est en pénétrer les caractères et la suite qu'ils appellent de leur nature : connaître le présent, c'est le comprendre. Je me souviens qu'un jour je causais à Angers avec un jeune catholique qui, depuis lors, est devenu député de Paris. « Les œuvres religieuses de notre temps, me disait-il, sont toutes en retard d'une révolution ; elles sont faites pour le passé, non pour le présent. Chacune d'elles suppose plus ou moins une France catholique; et cela n'est pas : c'est le catholicisme qu'il s'agit de faire renaître. Quand est-ce donc que l'on tiendra compte de ce fait? » Eh! la cause de cet aveuglement est bien simple : c'est que l'on va de vitesse acquise, c'est que l'on persiste à voir le monde sous le prisme de ses habitudes, au lieu de chercher à comprendre.

A la veille de la Séparation, les religieux achetaient et bâtissaient comme s'il n'en était rien, procédant d'ailleurs à l'encontre du Pape qui ne cessait de les prévenir. Ils gardaient toute la sécurité d'un lapin de garenne qui sautille gaiement dans le thym et la rosée, pendant que le chasseur braque son fusil. N'avaient-ils pas fait des neuvaines à leur saint patron; et l'orage n'était-il pas conjuré? Je passais un jour à Clermont-Ferrand. Tout à coup, j'aperçus près de la gare un grand et bel établissement dont la construction avait été subitement interrompue : il en était comme de la Carthage dont nous parle Virgile : « pendentque ruinæ ». Je me permis alors de demander ce qu'il en était, à la personne qui m'honorait de sa compagnie. « Ce sont, me répondit-elle, des religieuses qui continuaient à bâtir la veille même de la loi ». — Elles n'avaient donc rien compris, ces femmes-là, au mouvement qui se produisait depuis longtemps déjà dans le monde de la politique française. — « Ce ne sont pas les seules, ajouta la vieille et très spirituelle dame qui était à mes côtés; nombre d'autres n'ont pas été plus sages. » Et son histoire de cas analogues fut longue; elle n'en finissait pas.

Juge du présent, l'intelligence est également notre unique moyen d'anticiper l'avenir : c'est grâce à sa lumière que nous mesurons la portée et les conséquences de nos actes. Allez, par exemple, quêter auprès d'une dame, soit pour un hospice, soit pour un hôpital. Dès qu'elle a compris, elle délie sa bourse. Le spectacle de la souffrance frappe ses nerfs et lui cause une impression pénible : c'est assez, généralement, pour qu'elle soit généreuse. S'agit-il, au contraire, d'une œuvre à longue portée, telle que la fondation ou l'entretien d'un enseignement supérieur, l'accueil est tout différent. Là, les nerfs ne sont plus intéressés, la sensation n'intervient pas; et par

ailleurs, on a si peu l'habitude de la réflexion
que l'on ne comprend pas ou ne comprend
que vaguement le rôle immense que peut jouer
dans le milieu social une institution de cette
qualité. On ergote, on chicane, et finalement
l'on ne donne presque rien.

On pourrait raisonner de même à l'égard
de la plupart des œuvres catholiques, si nom-
breuses et d'inspiration si diverse. Elles viennent du cœur et sont dignes à ce titre d'une
respectueuse sympathie. Mais, d'ordinaire, on
y oublie trop que le meilleur moyen de « pouvoir » c'est de « prévoir ». Elles ne relèvent
pas assez de la « catégorie de l'universel » :
la perspective y fait défaut. Voilà pourquoi
elles sont plus ou moins éphémères ou frappent à côté du but. Ce qui leur manque le
plus, c'est une judicieuse et forte compréhen-
sion des aspirations modernes qui sont faites
pour durer, c'est l'empreinte de la raison.

A quoi serais-je donc tenté de comparer
notre résistance aux ennemis du dedans? A
la fuite d'une caravane d'Arabes dans le désert. A un moment donné, ils s'arrêtent tout
haletants et dressent leurs tentes. Mais bientôt ce fragile abri disparaît troué, dépecé et ren-

versé sous une pluie de schrapnells. Ils vont alors camper à la distance de quelques kilomètres, où ils ne tardent pas à subir une autre bousculade de même nature. Ou, si l'on préfère une autre image de la même idée, nous ressemblons trop à des jardiniers auxquels on jette des pierres et qui ne songent pas à prendre leur échelle pour voir du haut d'un mur d'où vient la grêle et pourquoi. Nous avons d'indéracinables préjugés, des conceptions factices qui nous empêchent de bien « voir » la nature du mal et par conséquent de bien « prévoir » les vrais moyens de le combattre.

* *

C'est dans la lutte des doctrines surtout, que la supériorité de la culture intellectuelle montre son efficacité. Regardez au spectacle que nous donne l'Université de France. Directement ou indirectement, par ses maîtres ou par ses anciens élèves, c'est elle qui dirige le courant de l'opinion publique. Son prestige est reconnu de tous; il est accepté par ceux-là mêmes qui sont les plus hostiles à ses doctrines. Paul Bourget, Barrès, Em. Faguet, et hier encore Jules Lemaître : autant d'auteurs dont la moindre pensée est accueillie avec empressement dans les revues ecclésiastiques et mentionnée comme un oracle. On ne cite pas facilement un abbé, même quand c'est un homme de valeur. Il ne porte pas l'estampille; il n'a donc pas d'autorité. Ainsi des Facultés étrangères, particulièrement en Allemagne : elles donnent d'ordinaire la solution qui prend cours. D'où vient cette sorte d'hégémonie de la pensée? Considérez, afin de le comprendre, la longue série de terribles épreuves qu'ont dû subir les professeurs pour obtenir leur chaire; remarquez aussi comment cette légion de talents d'élite se recrute chaque année parmi les intelligences les plus vigoureuses. et les plus richement outillées: L'université résiste et triomphe, parce qu'elle est l'organisation méthodique de l'esprit.

Suivez cet exemple, que vous avez d'ailleurs été les premiers à donner dans les siècles antérieurs. Fondez une œuvre similaire, tout en vous aidant de ce que l'enseignement officiel a de meilleur et de fécond; faites surgir une génération d'écrivains libres et forts. Et la renaissance du christianisme ne sera plus éphémère comme un coup de vent ; elle pénétrera peu-à-peu dans les âmes, elle durera. Peut-être aussi finira-t-on par vous offrir la couronne d'or comme elle fut offerte à César. La victoire sera lente, sans doute, si l'on emploie cette tactique ; l'efficacité de l'intelligence n'a pas la brusquerie d'une canonnade. Mais l'effet acquerra d'autant plus de stabilité, qu'on aura mis en exercice des moyens plus nobles et plus pacifiants.

Que redoutez-vous donc ? Est-ce que les succès intellectuels ne font pas partie de vos glorieuses traditions ? La théologie des Pères, la théologie du moyen âge, celle du XVIIe siècle : trois formes différentes du dogme révélé et dont chacune a marqué son empreinte sur toute une série de générations. Or, que représentent ces traductions humaines du divin ? La première est l'œuvre d'esprits supérieurs, tels que Clément d'Alexandrie, saint Athanase, saint Augustin. La seconde rappelle les grands noms de saint Bonaventure, d'Albert le Grand, de saint Thomas et de Duns Scot. Derrière la troisième se dresse toute la pléiade de génies qui a fait l'honneur du siècle de Louis XIV.

Toutes trois ont leur cause dominante dans le travail de la pensée.

II

Si manifeste que soit la royauté de l'intelligence, elle ne suffit pourtant d'elle-même ni à diriger les esprits, ni à gouverner les âmes. Elle est singulièrement triste à cet égard, l'histoire de la pensée humaine.

D'abord, le travail de la spéculation philosophique ne donne pas aux esprits l'aliment dont ils ont besoin, et qui est la vérité; il tend même à s'en écarter toujours plus, au fur à mesure qu'il avance.

Grande est l'idée qu'apportent Anaxagore et Socrate ; plus grandes encore, celles que développent Platon et Aristote, qui d'ailleurs marchent dans la même voie. Quel riche filon que celui que ces grands hommes ont ouvert dans la montagne de l'inconnaissable ! Mais ce beau mouvement, cette série d'innovations dogma-

tiques ne se maintient pas. Aristippe et Antisthène font déjà bande à part, même du temps
de Socrate : ils prennent la pensée du maître
par ses petits côtés et n'en tirent qu'une vaine
éristique. Plus tard, les controverses se multi-
plient, toujours plus ou moins puissantes dans
l'attaque, toujours également impuissantes
dans la défense, jusqu'à ce que Pyrrhon vienne
dire, comme le fera Kant chez nous : « Nous ne
savons rien des réalités métaphysiques ; nous
ne connaissons que nos phénomènes.».

Au XVI° siècle, le dogmatisme n'apparaît
même pas, excepté dans les écoles théologiques dont le langage a cessé de plaire. Le trait
distinctif du temps est une sorte de griserie
d'indépendance. Chacun défend ce qui lui plaît.
Et ce qui domine, comme un leit-motiv, ce tintamarre de cervelles philosophiques, c'est la
célèbre formule de Montaigne : « Que sais-je ? »

« Pour les philosophes, s'écrie Pascal avec
ironie, 288 souverains biens[1]. » Et, si notre
siècle n'en peut pas compter davantage, c'est
qu'il a perdu tout espoir de résoudre la
question.

1. *Pensées,* p. 433. Éd., Ern. HAVET.

« Mettons les choses au mieux, remarque M. Balfour. Supposons que tout homme et toute femme, ou plutôt tout garçon et toute fille (car la raison serait-elle privée de ses droits chez des personnes de moins de vingt et un an?) que tout être intelligent enfin a les capacités et la discipline requises pour s'attaquer aux questions morales. Armons-le des méthodes critiques les plus récentes et assignons-lui pour tâche d'estimer avec pleine liberté d'esprit les titres que la charité, la tempérance et l'honnêteté, le meurtre, le vol et l'adultère ont à l'approbation ou à l'improbation de l'humanité. Quel serait le résultat d'une telle expérience? Quel chaos d'opinions sortirait de là! Mais même il se pourrait faire qu'avant que nos jeunes critiques fussent arrivés à refondre les dix commandements, ils demeurassent embourbés dans la question préliminaire de savoir si les jugements portant approbation ou improbation morale sont de ceux qu'on doit attendre d'êtres raisonnables; si les termes « bien » et « mal » représentent quelque chose de plus durable et de plus important que certaines prédilections et certaines répugnances largement répandues, et qui se trouvent par hasard soumises plus ou moins arbitrairement à des sanctions sociales et légales. Je crois fort probable que les conclusions auxquelles ils arriveraient ici auraient un caractère pure- ment négatif [1]. »

Le premier élan de la raison est d'affirmer; mais son dogmatisme n'a pas assez de force pour se maintenir. Elle ne tarde pas à s'engager dans la voie de la critique et de la négation; et, une fois sur cette route, elle va jusqu'au bout. Elle nie le monde extérieur; car il serait inquiétant qu'il existât quelque chose de tel. Elle nie l'existence de l'âme et même celle du moi. Enfin, pour achever son œuvre de destruction, elle se nie elle-même; et la voilà en présence du vide absolu. La raison est la plus puissante, la plus radicale, la plus subtile, la plus merveilleuse des machines pneumatiques. Comment voulez-vous dès lors qu'elle soit une maîtresse de vérité?

1. *Les bases de la croyance*, p. 156, Ed. MONTGRÉDIEN; Paris.

La raison est incapable de nous apprendre la vérité ; et, quand elle y tombe, elle ne nous en donne pas l'amour dominant.

Les vrais stoïciens sont rares, si toutefois il en a jamais existé de tels. Généralement, l'homme ne se détermine pas au bien, du fait même qu'il en a la connaissance : il faut que l'automate se mette de la partie ; c'est avec ses « deux pièces » qu'on passe à l'action.

On raisonne le plus souvent « en paroles, sans avoir presque l'objet dans l'esprit ». C'est ainsi que « les hommes pensent la plupart du temps à Dieu, à la vertu, à la félicité ; ils parlent, raisonnent sans idées expresses. Ce n'est pas qu'ils n'en puissent avoir... Mais ils ne se donnent pas la peine de pousser l'analyse ». Nos paroles sont « une espèce de Psittacisme » « à la mahométane », « qui ne fournit rien pour le présent à l'esprit... » « autant le vent en emporte ». « Cicéron dit bien quelque part, que si nos yeux pouvaient voir la beauté de la vertu, nous l'aimerions avec ardeur ; mais cela n'arrivant point, ni rien d'équivalent, il ne faut pas s'étonner si dans les combats entre la chair et l'esprit, l'esprit succombe tant de fois[1].»

Voilà le train de la vie humaine : voilà d'ordinaire tout le concours que la connaissance apporte à la pratique. Cet indice de faiblesse, Leibniz l'a dépeint sous une forme plus tangible et plus gracieuse dans son *Discours sur les beaux sentiments*. « On voit, dit-il, des personnes graves ressembler au chat d'Ésope. Jupiter changea un chat en fille, à la prière d'un jeune homme qui aimait éperdûment le chat et qui ne manqua pas d'épouser la fille. Elle était habillée magnifiquement le jour de ses noces et gardait le sérieux autant qu'il lui était possible. Mais une souris parut par hasard; cet objet démonta toute sa gravité. Habits, appareils, tout fut jeté, renversé, foulé, pour courir après la souris. Voilà l'image des hommes qui n'ont pas assez de force d'esprit. Le moindre divertissement les fait négliger les plus importantes affaires[2]. »

Pascal, à son tour, décrit le même fait,

1. ERD., 257ᵇ, 258ᵃ, 260ᵃ, 1840; Berlin.
2. BARUZI, *Leibniz*, p. 368; Paris, 1909.

mais avec cette ironie poignante où l'on sent des larmes. « Ne diriez-vous pas que ce magistrat, dont la vieillesse impose le respect à tout un peuple, se gouverne par une raison pure et sublime, et qu'il juge des choses par leur nature, sans s'arrêter à ces vaines circonstances qui ne blessent que l'imagination des faibles? Voyez-le rentrer dans un sermon où il apporte un zèle tout dévot, renforçant la solidité de la raison par l'ardeur de la charité. Le voilà prêt à l'ouïr avec un respect exemplaire. Que le prédicateur vienne à paraître : si la nature lui a donné une voix enrouée et un tour de visage bizarre, que son barbier l'ait mal rasé, si le hasard l'a encore barbouillé de surcroît, quelque grandes vérités qu'il annonce, je parie la perte de la gravité de notre sénateur[1]. »

L'idée ne nous prend pas tout entier; elle glisse à la surface de l'âme. Et le plus petit incident suffit à nous en divertir. « Ne vous étonnez pas », si « cette puissante intelligence qui gouverne les villes et les royaumes », ne raisonne pas bien à présent »;

1. PASCAL, *Pensées*, 36-37.

« une mouche bourdonne à son oreille ». « Le plaisant dieu que voilà! O ridicolosissimo eroe [1]! »

III

Décidément, la raison ne suffit pas : elles sont incertaines, vagues et contradictoires, les clartés qu'elle projette à travers nos ténèbres; elles n'ont pas non plus cette force motrice qui pénètre les âmes et les détermine au bien. Il faut cependant à l'humanité un foyer de lumière qui ne défaille pas; il lui faut également un foyer de vie qui l'élève au-dessus des instincts et l'en rachète. Où se trouvent ces deux principes de salut et de progrès? A Rome, nous dit le cardinal Newman; et, vu le procès que l'on vient de faire du rôle historique de la raison, l'on ne peut que conclure avec lui. C'est une exigence des faits.

Newman aussi a parlé en protestant convaincu. Newman aussi a soutenu longtemps que, comme le dira plus tard William James,

1. Pascal, *Pensées*, 50-51.

on ne peut « croire à un Dieu qui rend ses oracles à Rome ». « Restons assurés, disait-il à un moment donné, restons assurés que Rome est notre ennemie, et qu'elle nous fera tout le mal qu'elle pourra. Nous pouvons régler sur une telle conviction nos paroles et nos actes, sans pour cela nous départir de la charité chrétienne. Il nous faut traiter avec Rome, comme nous ferions avec un ami atteint de folie... car en vérité c'est une Église qui ne se possède plus. Elle abonde en nobles privilèges, en titres légitimes ; mais elle ne sait plus se servir de tout cela en faveur de la religion, rusée, obstinée, entêtée, méchante, cruelle, dénaturée comme le sont les fous... D'elle-même elle ne garde plus que le nom, et nous devons la traiter comme si elle était le démon qui la gouverne[1]. » On n'est pas plus nerveux, ni plus vert ni plus complet : tout le venin de l'Anglicanisme passe et circule dans cette page.

Mais ce qui dominait chez Newman, c'était l'amour de la vérité. Un jour qu'il était malade en Sicile et couché sur un lit de souffrance,

1. *Prophetical office of the church*, Lect. III, 100-102, Rivington et Parker ; London, 1837.

il dit aux quelques amis qui l'entouraient :
« J'ai conscience de n'avoir jamais péché contre
la lumière. » Ces paroles nous révèlent tout
un côté de cette grande âme. Il avait étudié
par le menu la doctrine des Pères [1]; il connaissait également cette Église d'Angleterre qu'il
voyait prêcher et vivre sous ses yeux. Et
c'est de la comparaison de l'une et de l'autre
que lui vint l'éclair libérateur. Il prit enfin sa
décision et fut rempli de cette « paix » et de
cette « joie » dont Pascal avait déjà parlé.
« O toi, dit-il de l'Église Romaine, toi que
j'ai longtemps cherchée, que j'ai trouvée bien
tard, désir de mes yeux, joie de mon cœur,
vérité après tant d'ombres, plénitude après
tant d'avant-goûts, ô toi, mon foyer après tant
d'orages. Venez donc à elle, pauvres voyageurs; car c'est elle, et elle seule, qui peut
vous dérouler le secret de votre existence et
le sens de votre destinée [2]. »

D'où vient donc au juste la conversion de
Newman? Qu'a-t-il vu de si décisif dans sa

1. ERN. DIMMET, *La pensée catholique dans l'Angleterre
contemporaine*, p. 85-87; Paris, 1906.

2. J. GUIBERT, *Le réveil du Catholicisme en Angleterre
au XIXe siècle*, p. 145; Paris, 1907.

longue comparaison de l'Église Romaine et du protestantisme? Deux faits surtout.

Il y a dans la montagne de l'infini toute une série de grands phares dont la lumière bienfaisante éclaire la route des humains, et sans lesquels personne ne voit plus dans quel sens on doit aller. Il faut à tout prix que ces flambeaux directeurs soient défendus. Or, seule l'Église infaillible est assez ferme et assez forte pour jouer ce rôle protecteur. Il n'y a pas d'autre rempart contre les variations incessantes et toujours plus négatives de la raison[1].

La seconde question qui préoccupait Newman, c'était celle de la hausse de moralité que doit produire autour d'elle la véritable Église. L'Anglicanisme, il l'observe lui-même, n'avait pas de saints qui fussent de son cru ; et son rayonnement social ne se traduisait point par un surcroît sensible d'amour du bien[2]. Au contraire, quelle innombrable phalange de saints, dans l'Église Romaine! quelle somme de dévouement elle a dépensée à la diminution des misères humaines, au pro-

1. H. BREMOND, *Newman*, p. 407-411, Paris, 1906.
2. J. GUIBERT, *loc. cit.*, p. 131-132.

grès du savoir et même des beaux-arts ! Comme elle est profonde, l'action purificatrice qu'elle a exercée sur les âmes ! Qu'on lui reproche autant que l'on voudra les crises par où elle a passé et les baisses qu'elle a subies : ne reste-t-il pas vrai qu'elle a façonné à l'image du Christ la civilisation européenne tout entière et qu'elle y a fait éclore je ne sais quelle délicatesse virile dans le respect et le dévouement, qui est comme une fleur exquise d'humanité ? L'antiquité a eu son Néron; elle n'a pas eu de saint Vincent de Paul.

Ainsi raisonnait le futur cardinal; et ses inférences, si finement conduites, nous mènent précisément au terme que suppose et requiert l'histoire des défaillances de la pensée humaine. C'est l'Église catholique qui maintient, de son indéfectible autorité, la somme de lumières dont nous avons tous besoin pour suivre notre route; c'est l'Église catholique qui répand dans les âmes l'amour prédominant de l'ordre. « *Ego sum veritas et vita.* »

IV

Du point de vue social, cette idée dominante est profondément illuminatrice. Elle nous indique nettement l'œuvre à laquelle il faut travailler de concert. On parle de restauration politique. Mais la politique est surtout une grande gâcheuse; et, supposé qu'elle devienne jamais assez digne pour mériter un autre nom, elle sera toujours incapable d'opérer dans nos mœurs le renouvellement de fond dont nous avons besoin. On parle de renaissance religieuse. Mais de quelle religion s'agit-il? Il n'en est qu'une qui puisse nous rendre la virilité de la pensée et de l'action : c'est celle qu'ont pratiquée nos pères, celle qui a fait la force et la grandeur de la « douce France ». On peut en modifier la forme, on peut, en la repensant au lieu de l'apprendre, l'adapter aux besoins de la mentalité de notre époque : elle a de quoi suffire à tous les temps. Mais il faut respecter la substance de cette charte divine; et surtout il faut avoir le courage d'en vivre. Soyons catholiques, soyons-le de toute notre âme; et nous le serons avec grandeur. La force nous reviendra et d'autant plus puissante qu'elle sera plus pure de mobiles étrangers. « *Hæc est fides quæ vincit mundum.* »

Voilà l'exemple que nous devons au monde, nous les descendants des chevaliers « sans peur ni reproche ». Et sans doute, il sera suivi des autres peuples, vu la leçon sanglante que les événements nous infligent à tous; il n'y en a jamais eu ni de plus terrible ni de plus convaincante. Nous ne voulons pas de Hegel. Sa philosophie est la suppression du droit et du devoir; c'est le triomphe de la force : c'est l'apologie de la barbarie armée, la plus redoutable de toutes les barbaries. Nous ne voulons pas non plus des extravagances de Nietsche, cet autre dieu du germanisme actuel. Car son « surhomme » apparaît comme le plus égoïste et le plus sanguinaire des tyrans : avec lui, c'est encore la barbarie qui prend le dessus. Il nous faut une religion faite de justice et d'amour, une religion qui proclame très haut la valeur imprescriptible de la bonté de la douceur et du pardon, ces mots divins apportés par le Christ lui-même. Il nous faut le catholicisme, le catholicisme pur : c'est là que se trouvent la formule adéquate de la civilisation et les moyens de la réaliser.

Mais, je le répète, le catholicisme ne reprendra pour de bon son empire sur les âmes qu'à condition de reconquérir son crédit intellectuel; et cette royauté de l'esprit ne lui sera rendue que si l'on travaille de concert à faire éclore une moisson de talents qui sachent dégager la vérité de ses « formules vieillies » et la présenter comme il convient aux hommes de notre génération.

L'enseignement supérieur : voilà l'œuvre vitale pour nous, l'œuvre sans laquelle il n'y a pas de salut.

TABLE DES MATIÈRES

Pages.

Chap. I. — L'intelligence de l'enfant.   1

Chap. II. — L'intelligence du primitif.   31

Chap. III. — Mythes et idées.   56

Chap. IV. — Le réveil.   75

Chap. V. — La méthode ou marche en avant. .   94

Chap. VI. — Les dangers. . . . . : 115

Chap. VII. — La raison individuelle. 138

Chap. VIII. — L'éducation de l'intelligence. . . 162

Chap. IX. — Action sociale des idées. 183

Chap. X. — L'avenir de l'intelligence. 204

LES GRANDS PHILOSOPHES
Collection dirigée par CLODIUS PIAT
Publiée à la Librairie Félix Alcan
Volume in-8° de 300 à 400 pages environ, chaque vol. 5 fr. à 7 fr. 50

Ont paru :

SOCRATE, par Clodius Piat, Agrégé de Philosophie, Docteur ès Lettres, Professeur à l'Institut catholique de Paris. (*Traduit en allemand.*) 1 vol. in-8°, 5 fr. *Deuxième édition.*

PLATON, par le même. (*Couronné par l'Académie française. Prix Bordin.*) 1 vol. in-8°, 7 fr. 50.

ARISTOTE, par le même. (*Traduit en allemand et en italien.*) 1 vol. in-8°, 5 fr. *Deuxième édition.*

ÉPICURE, par E. Joyau, Professeur de Philosophie à l'Université de Clermont. 1 vol. in-8°, 5 fr.

CHRYSIPPE, par Émile Bréhier, Professeur à l'Université de Bordeaux. (*Couronné par l'Académie des sciences morales et politiques.*) 1 vol. in-8°, 5 fr.

PHILON, par l'abbé J. Martin. 1 vol. in-8°, 5 fr.

SAINT AUGUSTIN, par le même. 1 vol. in-8°, 7 fr. 50. *Deuxième édition.*

SAINT ANSELME, par le comte Domet des Vorges. 1 vol. in-8°, 5 fr.

AVICENNE, par le baron Carra de Vaux, Membre du Conseil de la Société Asiatique. 1 vol. in-8°, 5 fr.

GAZALI, par le même. (*Couronné par l'Institut.*) 1 vol. in-8°, 5 fr.

MAIMONIDE, par Louis-Germain Lévy, Docteur ès Lettres, Rabbin de l'Union libérale israélite. 1 vol. in-8°, 5 fr.

SAINT THOMAS D'AQUIN, par A. D. Sertillanges, Professeur à l'Institut catholique de Paris. (*Couronné par l'Académie des sciences morales et politiques, Prix Le Dissez.*) 2 vol. in-8°, 12 fr. *Deuxième édition.*

MONTAIGNE, par F. Strowski, Professeur à l'Université de Paris. 1 vol. in-8°, 6 fr.

PASCAL, par Ad. Hatzfeld. 1 vol. in-8°, 5 fr.

MALEBRANCHE, par Henri Joly, Membre de l'Institut. 1 vol. in-8°, 5 fr.

SPINOZA, par Paul-Louis Couchoud, Agrégé de Philosophie, ancien élève de l'École normale supérieure. (*Couronné par l'Institut.*) 1 vol. in-8°, 5 fr.

KANT, par Th. Ruyssen, Professeur à l'Université de Bordeaux. *Deuxième édition.* (*Couronné par l'Institut.*) 1 vol. in-8°, 7 fr. 50.

SCHOPENHAUER, par le même. 1 vol. in-8°, 7 fr. 50.

MAINE DE BIRAN, par Marius Couailhac, Docteur ès Lettres. (*Couronné par l'Institut.*) 1 vol. in-8°, 7 fr. 50.

ROSMINI, par Fr. Palhoriès, Docteur ès Lettres. 1 vol. in-8°, 7 fr. 50.

SCHELLING, par Émile Bréhier, Professeur à l'Université de Bordeaux. 1 vol. in-8°, 6 fr.

MONTESQUIEU, par Joseph Dedieu, Docteur ès Lettres, Professeur à la Faculté libre des Lettres de Toulouse. 1 vol. in-8°, 7 fr. 50.

DESCARTES, par Denys Cochin, de l'Académie Française. 1 vol. in-8°, 5 fr.

TYPOGRAPHIE FIRMIN-DIDOT ET Cⁱᵉ. — PARIS.

www.ingramcontent.com/pod-product-compliance
Lightning Source LLC
Chambersburg PA
CBHW061453060726
47597CB00002B/585